REDESIGNING KITCHENS & BATHROOMS

RÉNOVER LA CUISINE ET LA SALLE DE BAINS
NEUGESTALTUNG VON KÜCHEN UND BADEZIMMERN
KEUKEN- EN BADKAMERRENOVATIE

Redesigning Kitchens and Bathrooms provides a practical guide to solutions for redesigning the two most important public spaces in the home: the kitchen and the bathroom.

Contemporary kitchens are designed to cleverly and functionally adapt to all types of spaces. Whether U-shaped, L-shaped, a kitchen island, or a design with juxtaposed lines, the shape of the kitchen must be decided before the planning process starts. Fitting a window allows the smoke and smell from cooking food to disappear more quickly (and ecologically) than a kitchen hood, although both solutions tend to be necessary. With respect to materials, the great variety of colors and finishes available mean the possibilities for modern kitchens are endless.

The bathroom, meanwhile, is no longer a space simply for hygiene to which little attention is paid; it is now given the same importance as all the other rooms in the house. This is why bathroom design stirs up so much interest, and why, together with the kitchen, it is the room that is most frequently remodeled to meet the demands of modern living.

From spaces of just a few square feet to others with all types of unimaginable features, the kitchens and bathrooms in this book will give readers plenty of ideas for inspiration. The examples included here have been remodeled by architectural studios from around the globe, and show dozens of design ideas using the products that are available on the market today.

Rénover la cuisine et la salle de bains propose un guide de solutions pratiques pour réaménager les deux zones publiques les plus importantes de la maison : la cuisine et la salle de bains.

La conception des cuisines contemporaines s'adapte intelligemment à tous types d'espaces. La forme (U, L, îlot, face à face) doit être décidée avant la planification. L'installation d'une fenêtre externe permettra l'évacuation plus rapide (et écologique) des fumées et odeurs des repas qu'un extracteur de fumées, même si les deux éléments sont nécessaires en général. En ce qui concerne les matériaux, les possibilités sont infinies pour la cuisine moderne, avec une grande variété de couleurs et finitions.

La salle de bains, pour sa part, a cessé d'être un espace abritant uniquement les fonctions d'hygiène et auquel personne ne s'intéressait particulièrement, et est devenu une pièce à part entière comme le reste de la maison. C'est la raison pour laquelle sa conception suscite autant d'intérêt et que, tout comme les cuisines, c'est la pièce qui subit le plus de réaménagements pour s'adapter aux exigences de la vie moderne.

Des espaces les plus petits à ceux proposant des prestations inimaginables, le lecteur trouvera de nombreuses idées d'inspiration dans les cuisines et les salles de bains présentées dans ce volume. Les cas présentés ici ont été réaménagés par des bureaux d'architectes du monde entier, ainsi que des dizaines d'idées de design avec l'équipement disponible sur le marché.

Neugestaltung von Küchen und Badezimmern ist ein Führer mit praktischen Lösungen für die Neugestaltung der beiden wichtigsten öffentlichen Bereiche des Hauses: Küche und Badezimmer.

Der Entwurf zeitgenössischer Küchen passt sich intelligent und funktionell allen Raumarten an. Die Form – U, L, gegenüberliegende Küchenzeilen – muss vor der Planung entschieden werden. Der Einbau eines Außenfensters ermöglicht einen schnelleren (und umweltfreundlicheren) Abzug für Rauch und Essensgeruch als eine Dunstabzugshaube, obwohl normalerweise beide Elemente erforderlich sind. Hinsichtlich der Materialien und der Vielfalt an Farben und Ausführungen sind die Möglichkeiten für moderne Küchen unendlich.

Das Bad wiederum ist längst kein Raum mehr, der nur Hygienefunktionen übernimmt und dem keine Aufmerksamkeit geschenkt wird. Es hat sich in ein Zimmer verwandelt, das auf der gleichen Ebene wie die restlichen Räumlichkeiten des Hauses steht. Aus diesem Grund erweckt sein Design so viel Interesse. Zusammen mit der Küche ist es der Raum, der am häufigsten umgebaut wird, um sich den Ansprüchen des modernen Lebens anzupassen.

Von Räumen mit sehr wenigen Quadratmetern bis hin zu anderen mit unvorstellbaren Merkmalen findet der Leser unter den in diesem Band vorgestellten Küchen und Bädern eine Vielzahl anregender Ideen. Die hier gezeigten Umbaubeispiele wurden von Architektenbüros aus aller Welt entworfen, ebenso wie die zahlreichen Designideen mit auf dem Markt erhältlichen Ausstattungen.

Keuken- en badkamerrenovatie biedt een gids met praktische oplossingen voor het herinrichten van de twee belangrijkste algemene ruimten van het huis: de keuken en de badkamer.

Het ontwerp van eigentijdse keukens past zich op intelligente en functionele wijze aan alle soorten ruimten aan. Alvorens de planning te maken, moet de vorm (U- of L-vorm, eiland, tegenover elkaar liggende lijnen) worden gekozen. Door een raam te plaatsen, kunnen rook en etensgeuren sneller (en milieuvriendelijker) dan via een afzuigkap worden afgevoerd, hoewel beide elementen meestal noodzakelijk zijn. Wat betreft de materiaalkeuze, zijn de mogelijkheden voor de moderne keuken oneindig, met een keur aan kleuren en afwerkingen.

De badkamer is al lang niet meer een ruimte die alleen bedoeld is voor hygiënische doeleinden en waaraan verder geen aandacht wordt geschonken. Het is een vertrek dat op gelijke voet staat met de overige ruimten van de woning. Daarom wordt aan het ontwerp ervan zoveel belang gehecht. Samen met de keuken is het de ruimte waarin de meeste verbouwingen plaatsvinden om ze aan te passen aan de eisen van het moderne leven.

Van kleine ruimten tot een vertrek met alle denkbare functies; in de keukens en badkamers die in dit nummer worden voorgesteld, kan de lezer veel inspiratie opdoen. De voorbeelden die hier worden besproken zijn gerenoveerd door architectenbureaus van over de hele werden. Bovendien vinden we tientallen designideeën met de voorzieningen die de markt te bieden heeft.

BATHROOMS

SALLES DE BAINS I BADEZIMMER I BADKAMERS

Residence 1414

Texas, USA

These remodeled bathrooms now receive more daylighting and feature a range of natural materials —as in the other rooms in this house— in keeping with the dwelling's more traditional attributes.

De même que pour le réaménagement du reste de la maison, les salles de bains ont gagné en luminosité naturelle et disposent d'une palette de matériaux naturels qui maintiennent l'équilibre avec les aspects plus traditionnels de l'habitation d'origine.

Wie auch bei der Umgestaltung des restlichen Hauses haben die Bäder an Tageslicht gewonnen. Sie enthalten jetzt eine Palette natürlicher Materialien als Ausgleich zu den traditionellsten Eigenschaften des ursprünglichen Hauses.

Net als bij de verbouwing van de rest van het huis hebben de badkamers meer natuurlijk licht gekregen en zijn ze voorzien van meerdere natuurlijke materialen die het evenwicht handhaven met de traditioneelste aspecten van de oorspronkelijke woning.

 Miró Rivera Architects
www.mirorivera.com
© Paul Finkel

 Wood / Bois / Holz / Hout

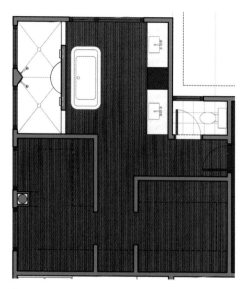

Master bathroom plan

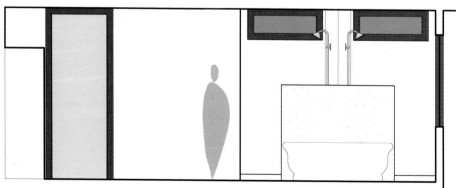

Elevation

Virreyes House

Mexico DF, Mexico

Fabrics, wood and marble finishes have been utilized to achieve balance and comfort both in the master bathroom as well as in the small guest bathroom.

Anhand von Stoffen, Holz und Marmorausführungen entstanden Gleichgewicht, Ordnung und Komfort im Hauptbad und auch im kleineren Gästebad.

Toiles, bois et finitions en marbre ont été utilisés pour atteindre équilibre, ordre et confort, tant dans la salle de bains principale que dans la plus petite, réservée aux invités.

Er is gebruik gemaakt van stoffen, hout en marmeren afwerkingen om zowel de hoofdbadkamer als de kleinere voor gasten gereserveerde badkamer van evenwicht, orde en comfort te voorzien.

 Ezequiel Farca
www.ezequielfarca.com
© Paul Czitrom

 Wood, stone, porcelain / Bois, pierre, porcelaine / Holz, Stein, Porzellan / Hout, steen, porselein

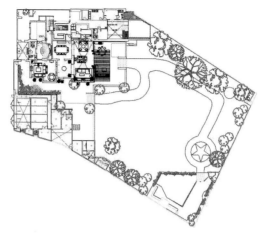

Ground floor plan

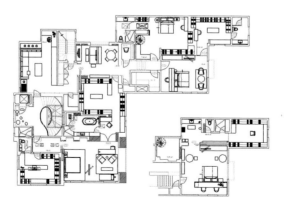

Second floor plan

Slender

Berlin, Germany

In order to take advantage of the building's former structure, it was decided to locate the bathroom above a ramp. The WC area is screened off behind a yellow glass partition.

Das Bad befindet sich auf einer Rampe, um den größten Nutzen aus der bestehenden vorherigen Struktur zu ziehen. Der Toilettenbereich bleibt hinter einem gelben Glas privat.

La salle de bains se trouve sur une rampe pour exploiter au mieux la structure d'origine. Les toilettes restent dissimulées derrière un verre teinté en jaune.

De badkamer bevindt zich op een hellend vlak waardoor optimaal gebruik gemaakt wordt van de bestaande structuur. De privacy van de sanitaire voorzieningen wordt verkregen met een geel glas.

 Deadline
www.deadline.de
© Matthew Griffin

 Glass, metal / Verre, métal / Glas, Metall / Glas, metaal

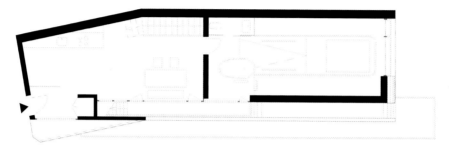

Floor plan

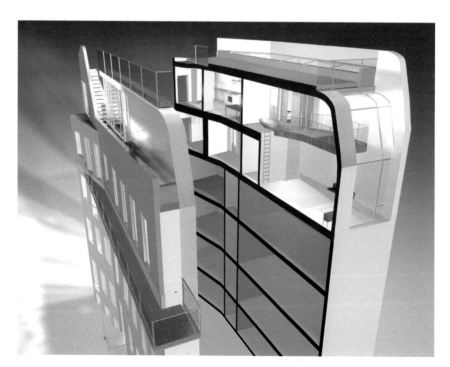

Axo-rendering

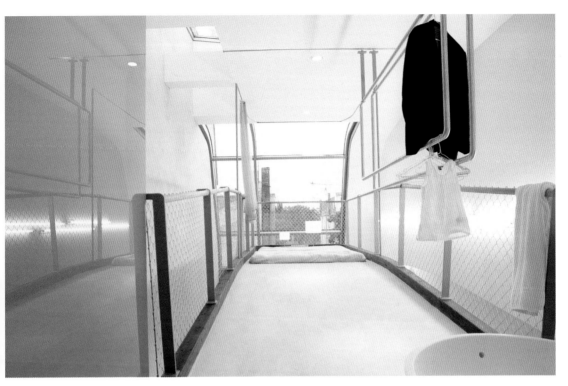

Gianicolo House

Rome, Italy

This refurbishment sought to balance the external rustic style of this old house with its modern, minimalist interiors, including the three bathrooms, each one bearing the name of a color: white, red, or black.

Pour cette rénovation on a recherché un équilibre entre le style rustique de l'extérieur de cette vieille maison et les intérieurs modernes et minimalistes, y compris les trois salles de bains, chacune avec le nom d'une couleur : blanc, rouge et noir.

Bei dieser Umgestaltung suchte man einen Ausgleich zwischen dem rustikalen Außenstil des alten Hauses und den modernen und minimalistischen Innenräumen. Das betraf auch die drei Bäder, von denen jedes den Namen einer Farbe, d.h. weiß, rot und schwarz, trägt.

Bij deze renovatie is gezocht naar evenwicht tussen de landelijke buitenstijl van het oude huis en zijn moderne en minimalistische interieur, met inbegrip van de drie badkamers die alledrie de naam van een kleur kregen: wit, rood en zwart.

 Carola Vannini Architecture
www.carolavannini.com
© Filippo Vinardi

 Plexiglass, wood, resin veneers /
Plexiglas, bois, vernis résine /
Plexiglas, Holz, Harz-Platten /
Plexiglas, hout, harsplaten

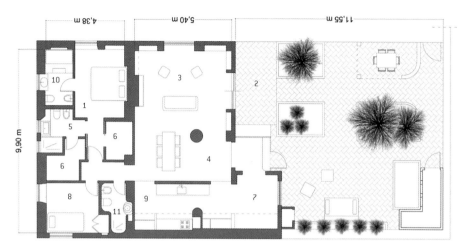

Plan before renovation

1. Bedroom 1	7. Office
2. Garden	8. Bedroom 2
3. Living room	9. Kitchen
4. Dining	10. Bathroom 2
5. Bathroom 1	11. Bathroom 3
6. Walk-in closet	

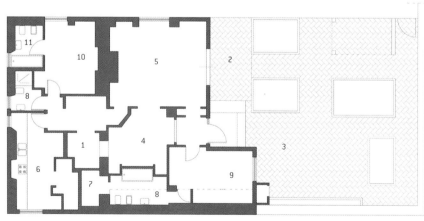

Plan after renovation

1. Office	7. Walk-in closet
2. Veranda	8. Bathroom 1
3. Garden	9. Bedroom 1
4. Dining area	10. Bedroom 2
5. Living room	11. Bathroom 2
6. Kitchen	

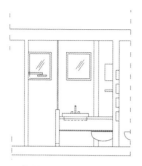

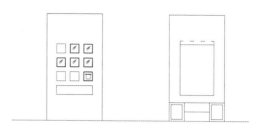

Red bathroom sections

Black bathroom plans

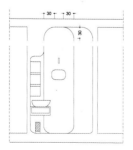

White bathroom section

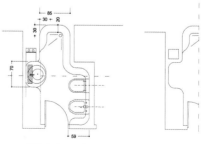

White bathroom plan

Marco Polo

Rome, Italy

The master bathroom, where red predominates, is warm and simply oozes relaxation. The washroom in the guest room is a sober space where cool colors contrast with warm materials.

Das Hauptbad, in dem die rote Farbe vorherrscht, ist warm und lädt zum Entspannen ein. Das Gästebad dagegen ist ein nüchterner Bereich, in dem kalte Farben zu warmen Materialien im Gegensatz stehen.

La salle de bains principale, où prédomine le rouge, est chaleureuse et invite à la détente, tandis que celle réservée aux invités est sobre et présente des couleurs froides, qui contrastent avec les matériaux chaleureux.

In de hoofdbadkamer, waar de rode kleur overheerst, hangt een warme, ontspannende sfeer, terwijl de gastenbadkamer een sobere ruimte is waar kille kleuren contrasteren met warme materialen.

 Carola Vannini Architecture
www.carolavannini.com
© Filippo Vinardi

 Wenge wood, concrete veneers / Bois de wenge, vernis béton / Wengé, Betonplatten / Wengé-hout, betonplaten

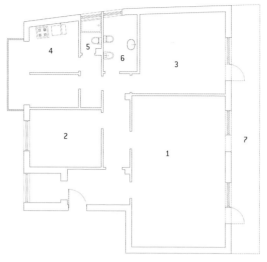

Plan before renovation

1. Living room
2. Guest bedroom
3. Master bedroom
4. Kitchen

5. Bathroom
6. Master bathroom
7. Balcony

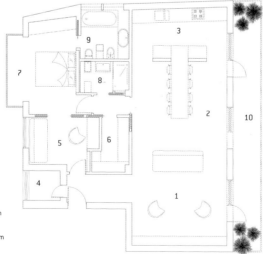

1. Living room
2. Dining room
3. Kitchen
4. Closet
5. Guest bedroom

6. Walk-in closet
7. Master bedroom
8. Bathroom
9. Master bathroom
10. Balcony

Plan after renovation

X Loft

The master bathroom is a space of contrast between colors and squares, while the guest bathroom sits in a niche that was formerly an entranceway.

Während das Hauptbad einen Kontrastbereich zwischen Farben und quadratischen Formen darstellt, nimmt das Gästebad einen Winkel ein, der vorher als Eingang genutzt wurde.

Alors que la salle de bains principale est un espace de contraste entre couleurs et formes carrées, celle des invités occupe un angle qui servait auparavant d'entrée.

De hoofdbadkamer is een ruimte met contrasten tussen kleuren en vierkante vormen. De gastenbadkamer is ondergebracht in een hoek die voorheen als entree werd gebruikt.

Carola Vannini Architecture
www.carolavannini.com
© Filippo Vinardi

Teak parquet, wood resin / Parquet en teck, résine bois / Teakholz-Parkett, Holzharz / Teakhouten parket, houthars

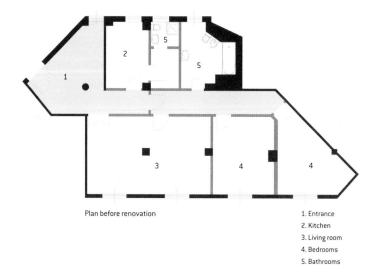

Plan before renovation

1. Entrance
2. Kitchen
3. Living room
4. Bedrooms
5. Bathrooms

Section

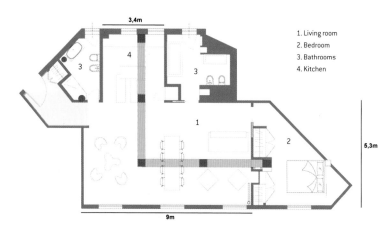

3,4m

5,3m

9m

1. Living room
2. Bedroom
3. Bathrooms
4. Kitchen

Plan after renovation

Apartment in Paris

Paris, France

The bathroom space is defined by transparent glass screens, housing the tub, WC and wash basin, which all form part of an original gold, metallic sculptural unit.

Ein originelles, goldfarbenes Metallteil konzentriert die Ausstattung: Badewanne, Toilette und Waschbecken sind Teil der bildhauerischen Arbeit, die durch transparente Glaswandschirme abgegrenzt ist.

Un meuble métallique original de couleur dorée rassemble l'équipement : baignoire, toilettes et lavabo font partie de cet ensemble sculptural délimité par des pare-douche en verre transparent.

Rond een origineel goudkleurig metalen meubelstuk is het sanitair geconcentreerd: ligbad, toilet en wastafel maken deel uit van dit beeldhouwwerk dat wordt afgeschermd door doorzichtige glasschermen.

Lazzarini Pickering Architetti
www.lazzarinipickering.com
© Matteo Piazza

Metal, wood, glass / Métal, bois, verre / Metall, Holz, Glas / Metaal, hout, glas

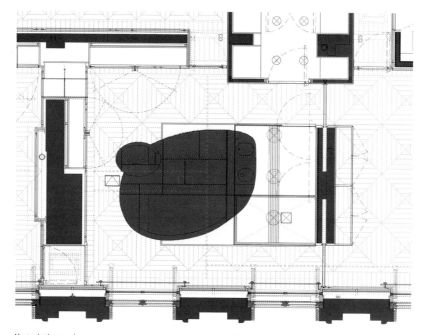

Master bathroom plan

Chet Bakerstraat

Simple, pure white lines prevail in this bathroom; the lighting is cleverly inset beneath the tub to create a warming effect.

Absolutes Weiß und einfache Linien beherrschen dieses Bad, in dem das strategisch unter der Badewanne angeordnete Licht die Hauptrolle bei der Konfiguration von Wärme spielt.

Le blanc pur et les lignes simples prédominent dans cette salle de bains où la lumière, stratégiquement située sous la baignoire, participe essentiellement à la création d'une atmosphère chaleureuse.

Zuiver wit en eenvoudige lijnen hebben in deze badkamer de overhand. Het licht, dat strategisch onder het ligbad geïnstalleerd is, speelt een belangrijke rol bij het creëren van een warme sfeer.

 Hofman Dujardin Architecten
www.hofmandujardin.nl
© Matthijs van Roon

 Concrete / Béton / Beton / Beton

Floor plan

J-Loft

Serangoon, Singapore

The interior walls of this old apartment were knocked through and the resulting space was filled with wooden box structures to define the various living spaces, one of which is naturally the bathroom.

Die Innenwände dieses alten Appartements wurden abgerissen. Der neue Raum wurde mit Holzstrukturen gefüllt, die die einzelnen Bereiche und das Bad als Kästen bilden.

Les cloisons de ce vieil appartement ont été démolis et l'espace a été comblé par des structures en bois qui, telles des boîtes, forment différentes pièces, dont la salle de bains.

De binnenwanden van dit oude appartement werden afgebroken en de ruimte werd gevuld met houten structuren die, zoals bij dozen, vorm geven aan de verschillende kamers, inclusief de badkamer.

 Plystudio
http://ply-studio.com
© Stzernstudio

 Wood / Bois / Holz / Hout

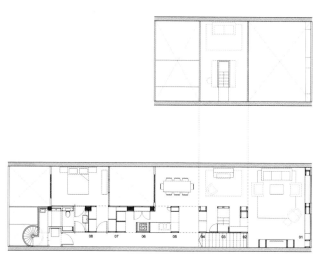

Floor plan

Diagrams (sections)

Union Square Loft

New York, USA

The design of this master bathroom, measuring almost 2,500 ft², utilizes wood and sliding glass doors in the tub; these being recurring elements in the dwelling's interior design scheme.

Pour le design de la salle de bains principale de ce loft de presque 230 m², on a utilisé du bois et des portes coulissantes en verre pour la baignoire, des éléments qui caractérisent l'intérieur du reste de la maison.

Beim Entwurf des Hauptbads dieses fast 230 m² großen Lofts wurde auf Holz und Schiebetüren aus Glas an der Badewanne zurückgegriffen. Diese Elemente kennzeichnen auch die Raumgestaltung der restlichen Wohnung.

In het ontwerp van de hoofdbadkamer van deze bijna 230 m² grote loft wordt voor het ligbad gebruik gemaakt van hout en glazen schuifdeuren, elementen die het interieur van de rest van de woning karakteriseren.

Paul Cha
www.paulchaarchitect.com
© Paul Cha

Wood, concrete, glass / Bois, béton, verre / Holz, Beton, Glas / Hout, beton, glas

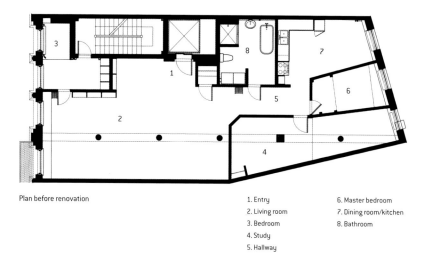

Plan before renovation

1. Entry   6. Master bedroom
2. Living room   7. Dining room/kitchen
3. Bedroom   8. Bathroom
4. Study
5. Hallway

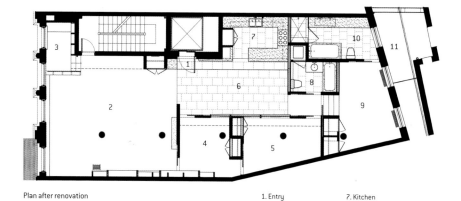

Plan after renovation

1. Entry   7. Kitchen
2. Living room   8. Guest bathroom
3. Study   9. Master bedroom
4. TV room   10. Master bathroom
5. Guest room   11. Terrace
6. Dining room

078

Bathroom in Berga

Berga, Barcelona, Spain

Daylighting floods in through the windows and the glazed façade in the bedroom, or, in the case of the private bathroom, which receives light from the master bedroom.

Das Tageslicht dringt durch die Glasmauern ein, die die Wandöffnungen abschließen oder im Fall des Privatbads im Hauptschlafzimmer als Schlafzimmeraußenwand dienen.

L'éclairage naturel provient des surfaces en verre qui servent d'ouvertures dans les murs ou constituent le cloisonnement de la chambre, comme c'est le cas de la salle de bains privée de la chambre principale.

De natuurlijke verlichting is afkomstig van de glazen muren die de openingen van de wanden of, in het geval van de privébadkamer, van de hoofdslaapkamer afsluiten.

Estudi Agustí Costa
www.agusticosta.com
© David Cardelús

Wood, opaque glass / Bois, verre opaque / Holz, lichtundurchlässiges Glas / Hout, mat glas

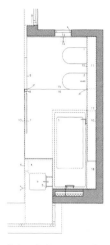

Bedroom bathroom ground floor

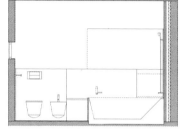

Section B

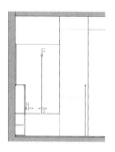

Section C

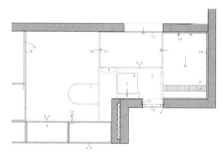

Small bathroom floor plan

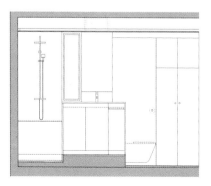

Section C

Section D

Bathroom in an Apartment Block

Berga, Barcelona, Spain

This apartment was refurbished in an open-plan design. The only solid features are the doors of the bathroom, which is illuminated by daylighting from the glazed wall separating it off from the bedroom.

Cet appartement a été réaménagé de façon à ce que toutes les pièces restent ouvertes. Les salles de bains sont les seuls espaces fermés par des portes et reçoivent la lumière naturelle à travers d'une paroi en verre qui donne sur la chambre.

 Estudi Agustí Costa
www.agusticosta.com
© David Cardelús

 Concrete, glass / Béton, verre / Beton, Glas / Beton, glas

Bei der Umgestaltung dieser Wohnung wurden alle Bereiche offen gelassen. Die Bäder sind die einzigen mit Türen abgeschlossenen Bereiche. Das Tageslicht dringt über eine Glasmauer mit Verbindung zum Schlafzimmer ein.

Bij de verbouwing van deze flat zijn alle kamers open gehouden. De badkamers zijn de enige met deuren afgesloten ruimten die natuurlijk licht krijgen via een glazen muur die aan de slaapkamer grenst.

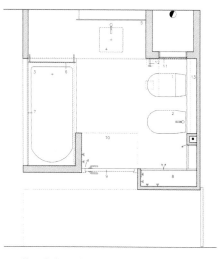

Master bathroom plan

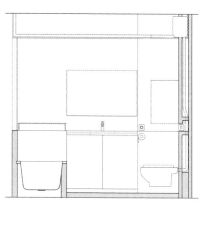

Section A

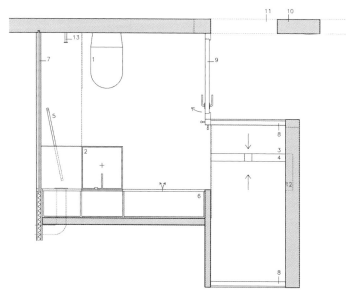

Small bathroom. Section D

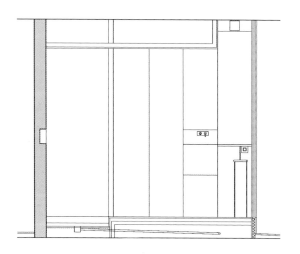

Section D

Winter Residence – Master Bath

The brief for this remodeling project was based on the owners' wishes to create a type of home spa. The bathroom's main features are the countertop, and the mirror that seems to float above the marble floor.

La transformation de cette maison a démarré par la rénovation de la salle de bains en accord avec le souhait des propriétaires de disposer d'un espace semblable à un spa. Le centre de la pièce est constitué d'une coiffeuse et d'un miroir qui semble flotter au-dessus du sol en marbre.

 Ibarra Rosano Design Architects
www.ibarrarosano.com
© Bill Timmerman

 Wood, glass, marble / Bois, verre, marbre / Holz, Glas, Marmor / Hout, glas, marmer

Die Umwandlung dieses Hauses ging laut Wunsch der Besitzer von der Umgestaltung des Badezimmers aus, da sie einen Spa-ähnlichen Bereich wünschten. Der Waschtisch und der über dem Marmorboden zu schweben scheinende Spiegel bilden den Mittelpunkt.

De verbouwing van dit huis begon met de renovatie van de badkamer, overeenkomstig de wens van de eigenaars die een op een spa lijkende ruimte wensten. Het middelpunt wordt gevormd door het wastafelblad en de spiegel die boven de marmeren vloer lijkt te drijven.

Bathroom 2

Shanghai, China

Although this bathroom is physically separate from the bedroom, it is connected visually by a large glazed screen that by night has a sparkling amber frame.

La salle de bains semble physiquement séparée de la chambre, mais elle s'intègre visuellement grâce à la grande baie vitrée qui, la nuit, se distingue de par ses bords, d'une couleur ambre brillante.

Das Bad bleibt physisch vom Schlafzimmer getrennt, ist aber dank des großen Glasfensters, das sich nachts mit seinen Rändern aus glänzendem Bernstein hervorhebt, optisch integriert.

De badkamer is fysiek van de slaapkamer gescheiden, maar wordt hierin visueel opgenomen dankzij het grote glasraam dat zich 's nachts onderscheidt dankzij de fonkelende amberkleurige randen.

 MoHen Design
www.mohen-design.com
© MoHen Design

 Stone, glass / Pierre, verre / Stein, Glas / Steen, glas

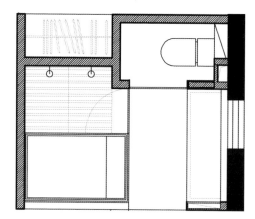

Before design plan

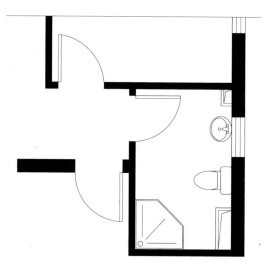

After design plan

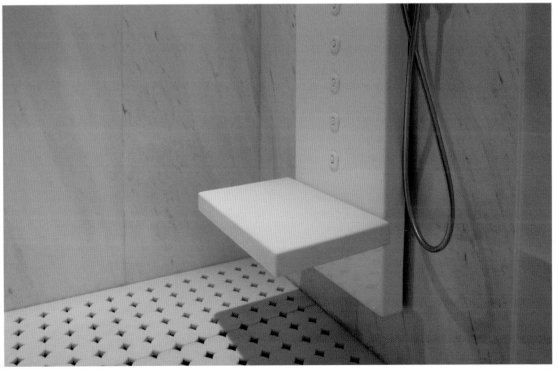

Apartment SCH

This apartment, owned by art aficionados, has bedroom with an en suite bathroom on the mezzanine floor. It contains a round tub, a bamboo shower and a free-standing vanity top.

La salle de bains de cet appartement, dont les propriétaires sont amateurs d'art, est intégrée à la chambre par un entresol. Elle contient une baignoire ronde, une douche en bambou et une table en forme d'île.

Das Bad dieses Appartements, dessen Besitzer Kunstliebhaber sind, ist im Schlafzimmer auf einem Zwischengeschoss integriert. Es besitzt eine runde Badewanne, Bambusdusche und einen Waschtisch im Inselformat.

De badkamer van dit appartement, waarvan de eigenaars kunstliefhebbers zijn, werd als insteekkamer in de slaapkamer opgenomen. De ruimte beschikt over een rond ligbad, een bamboedouche en een eilandvormige wastafel.

Ippolito Fleitz Group Identity Architects
www.ifgroup.org
© Zooey Braun

Concrete, glass, bamboo wood / Béton, verre, bambou / Beton, Glas, Bambusholz / Beton, glas, bamboehout

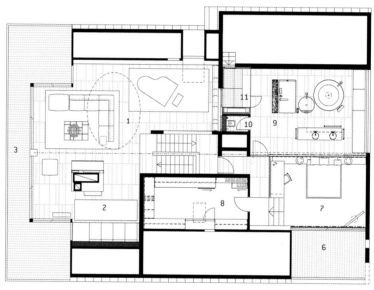

Mezzanine floor

Mezzanine floor
1. Living room
2. Fireplace
3. Balcony

Upper floor
4. Balcony
5. Bedroom
6. Dressing room
7. Bathroom
8. Restroom
9. Sauna

Bathroom in Kortenhoef

Kortenhoef, The Netherlands

In place of a formerly dark bathroom suite, the architects have created a luminous atmosphere enhanced by the green hues in the stone, and the use of glass, and MDF Colorcore panels.

Wo vorher ein dunkles Bad stand, haben die Architekten ein helles Ambiente geschaffen, das durch die grüne Steinfarbe, die Glasscheiben und MDF Colorcore-Paneele verstärkt wird.

Là où se trouvait avant une salle de bains sombre, les architectes ont créé une atmosphère lumineuse en misant sur la couleur verte de la pierre, les vitres et les panneaux MDF Colorcore.

Op de plek waar vroeger een donkere badkamer was hebben de architecten een lichte ruimte gecreëerd. De helderheid wordt nog eens versterkt door de groene kleur van het steen, het glas en de MDF Colorcore panelen.

 Santman van Staaden architecten
www.santman.nl
© Paul Santman

 Burned stone (Verde Maritaca), layered glass, MDF Colorcore paneling / Granit (Verde Maritaca), verre stratifié, lambris MDF Colorcore / Granit (Verde Maritaca), Schichtglas, Colorcore-MDF-Paneele / Groen graniet (Verde Maritaca), gelaagd glas, Colorcore MDF- panelen

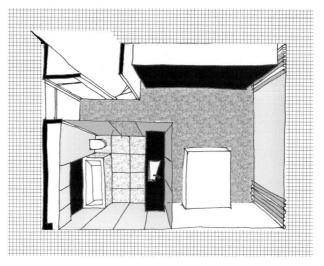

Sketch

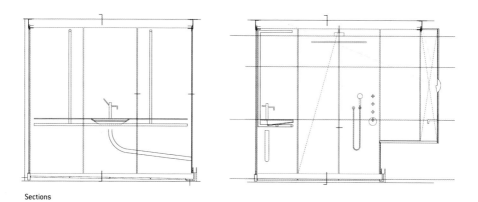

Sections

House Pehlke

This small remodeled bathroom has been visually enlarged by a monochrome color scheme. The transparent glass shower does not obstruct the daylighting.

Die gleiche Farbserie trägt zur optischen Vergrößerung dieses umgebauten kleinen Bads bei. Die transparente Glaswand der Dusche lässt das Tageslicht absolut frei fließen.

La même gamme chromatique contribue à élargir visuellement cette petite salle de bains réaménagée. Le verre transparent de la douche permet à la lumière naturelle de pénétrer en toute liberté.

Hetzelfde kleurengamma zorgt ervoor dat deze kleine gerenoveerde badkamer groter lijkt. Dankzij het doorzichtige glas van de douche valt het natuurlijke licht geheel vrij naar binnen.

Despang Architekten
www.despangarchitekten.de
© Olaf Baumann

Glass, ceramic, wood / Verre, céramique, bois / Glas, Keramik, Holz / Glas, keramiek, hout

Charles Street

London, UK

A simple, elegant and timeless range of materials has been used in this bathroom. The television at the foot of the tub is a truly modern feature.

Die Materialpalette in diesem Bad ist einfach, elegant und zeitlos. Der Fernseher am Fußende der Badewanne ist Zeichen der Zeitgenössigkeit.

La palette des matériaux de cette salle de bains est simple, élégante et intemporelle. La télévision au pied de la baignoire traduit sa modernité.

De verschillende materialen die in deze badkamer gebruikt werden zijn eenvoudig, elegant en tijdloos. De televisie aan het voeteneind van het ligbad maakt gewag van de eigentijdse stijl.

Project Orange
www.projectorange.com
© Gareth Gardner

Stone, glass / Pierre, verre / Stein, Glas / Steen, glas

House close to Colosseo

Rome, Italy

Monochrome industrial slate tiling has been used in the two bathrooms in this home so as not to break up the lively color scheme of the living room and the corridor.

Beide Bäder dieser Wohnung sind in einfarbiger Verkleidung aus Industrieschiefer gehalten, um damit kein Hindernis für die Lebendigkeit des Farbspiels in Wohnzimmer und Flur zu sein.

Pour ne pas entraver la vivacité du jeu chromatique du salon et du couloir, les deux salles de bains de cette habitation sont pourvues d'un revêtement uni en ardoise industrielle.

Om de levendigheid van het kleurenspel in de woonkamer en de gang niet te belemmeren, werden de twee badkamers van deze woning voorzien van een eenkleurige bekleding in industrieel Ardesia.

 Filippo Bombace
www.filippobombace.com
© Luigi Filetici

 Blackboard / Ardoise / Schiefer / Leisteen

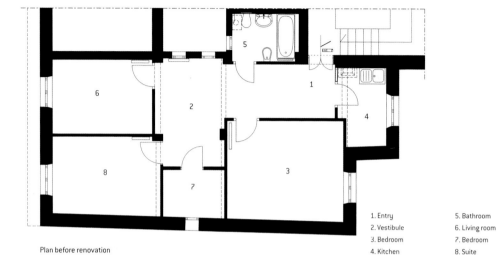

Plan before renovation

1. Entry
2. Vestibule
3. Bedroom
4. Kitchen
5. Bathroom
6. Living room
7. Bedroom
8. Suite

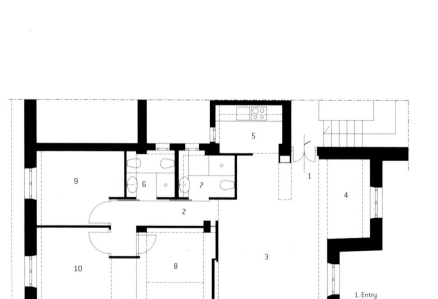

Plan after renovation

1. Entry
2. Corridor
3. Sitting room
4. Dining room
5. Kitchen
6. Bathroom
7. Bathroom
8. Studio
9. Bedroom
10. Bedroom

E-house

Rome, Italy

The luminosity of this bathroom is a result of the neutral walls and strategic lighting that enhances the centerpieces, such as the dressing table and the shower.

La luminosité qui caractérise cette salle de bains provient de la couleur neutre des murs et d'un éclairage stratégique qui met en valeur les zones principales, comme le cabinet de toilettes et la douche.

Die Helligkeit dieses Badezimmers entsteht durch die neutrale Farbe der Wände und eine strategische Beleuchtung, welche die Hauptbereiche wie Waschtisch und Dusche hervorhebt.

De helderheid die deze badkamer kenmerkt is te wijten aan de neutrale kleur van de wanden en een strategische verlichting die de voornaamste zones, zoals de wastafel en de douche benadrukt.

Filippo Bombace
www.filippobombace.com
© Luigi Filetici

Concrete, glass / Béton, verre / Beton, Glas / Beton, glas

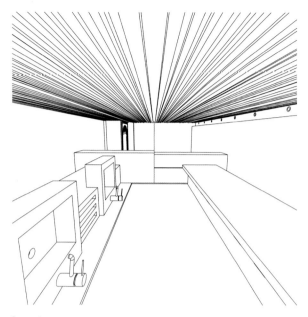

Perspective

Bathroom plan

1. Bathroom 1
2. Bathroom 2
3. Laundry

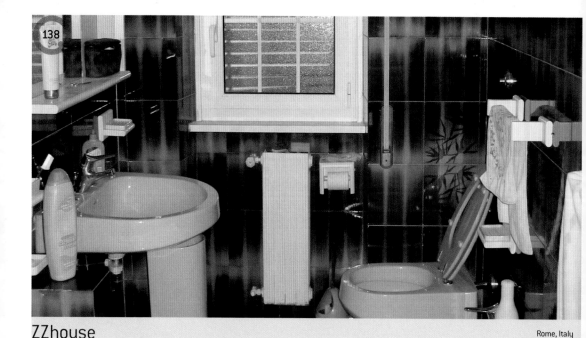

ZZhouse

Rome, Italy

With its harsh shades, marble plays a central role in this en suite bathroom that is tucked away behind a sliding wood screen. A small interior-facing window at floor level is the only clue to its existence.

In seiner farblichen Strenge ist der Marmor der Hauptdarsteller dieses neben dem Schlafzimmer und hinter einer großen Holzschiebetür gelegenen Bads. Ein kleines Innenfenster auf Bodenhöhe enthüllt seine Präsenz.

Sévère en termes de couleurs, le marbre est le protagoniste de cette salle de bains attenante à la chambre, derrière une grande porte coulissante en bois. Une petite fenêtre intérieure au niveau du sol révèle sa présence.

Het sober gekleurde marmer speelt een belangrijke rol in deze badkamer die door middel van een houten schuifdeur met de slaapkamer is verbonden. Een klein raam ter hoogte van de vloer verklapt de aanwezigheid ervan.

 Filippo Bombace
www.filippobombace.com
© Luigi Filetici

 Wood, stone (marble) / Bois, pierre (marbre) / Holz, Stein (Marmor) / Hout, steen (marmer)

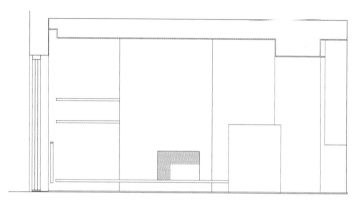

Wall detail

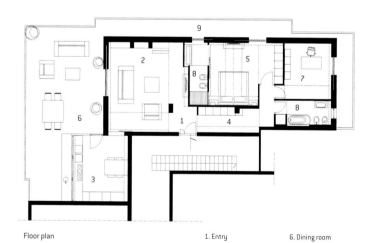

Floor plan

1. Entry
2. Sitting room
3. Kitchen
4. Corridor
5. Master bedroom
6. Dining room
7. Study
8. Bathroom
9. Balcony

144

Bathroom in Oisterwijk

Oisterwijk, The Netherlands

This en suite bathroom has a striking appearance with its rounded forms and saturated colors. The walls, roof, and flooring are all coated in rubber.

Die Optik dieses im Schlafzimmer integrierten Bads beeindruckt durch abgerundete Ecken und satte Farben. Wände, Decke und Boden sind mit Gummi verkleidet.

Cette salle de bains intégrée à la chambre dispose d'une esthétique saisissante grâce à ses coins arrondis et ses couleurs saturées. Les murs, le plafond et le sol sont recouverts de caoutchouc.

De in de slaapkamer geïntegreerde badkamer valt op dankzij de ronde hoeken en intense kleuren.

 Christian Müller Architects
www.christian-muller.com
© Ralph Kämena, Den Haag

 Ceramics, rubber coating / Céramique, revêtement en caoutchouc / Keramik, Kautschukverkleidung / Keramiek, rubberbekleding

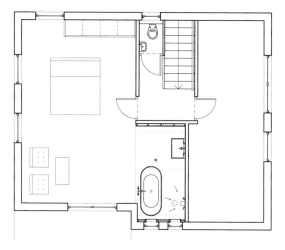

Floor plan

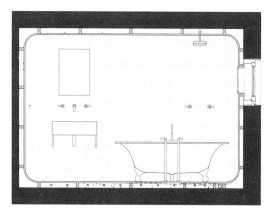

Section

House in Rotterdam

This attic has been completely renovated; with the bathroom occupying a prime space, where the old and the new coexist in an area lined with yellow polyester.

Das Projekt umfasst die vollständige Erneuerung einer Dachgeschosswohnung, in der das Bad einen bevorzugten Platz einnimmt. Altes und Neues leben in einer mit gelbem Polyester verkleideten Umgebung zusammen.

Le projet implique la rénovation complète d'un appartement sous les toits dans lequel la salle de bains occupe un endroit privilégié. L'ancien et le moderne cohabitent dans un environnement recouvert de polyester jaune.

Dit project behelst de volledige renovatie van een penthouse waar de badkamer een bevoorrechte plaats inneemt. Oud en nieuw worden gecombineerd in een ruimte bekleed met geel polyester.

@ **Christian Müller Architects**
www.christian-muller.com
© Christian Müller Architects

Wood, polyester / Bois, polyester / Holz, Polyester / Hout, polyester

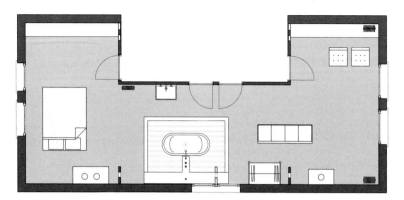

Floor plan

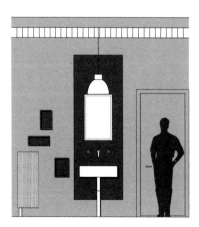

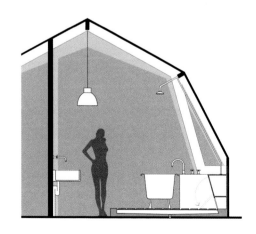

Sections

Buena Vista Terrace

California, USA

This bathroom has a transparent glass partition; a marble tub raised on a plinth opens onto the rest of the refurbished dwelling to optimize natural daylighting.

Cette salle de bains avec une séparation en verre transparent et une baignoire sur un socle en marbre, avec une ouverture sur le reste de la maison, tire le meilleur parti de la lumière naturelle de l'habitation rénovée.

 Feldman Architecture
www.feldmanarchitecture.com
© Paul Dyer

 Glass, ceramic, stone / Verre, céramique, pierre / Glas, Keramik, Stein / Glas, keramiek, steen

Dieses zum restlichen Haus hin geöffnete, mit transparentem Glas aufgeteilte Bad mit Badewanne auf Marmorplattform nutzt das Tageslicht der umgebauten Wohnung bis aufs Äußerste.

Deze badkamer met een doorzichtige glazen scheidingswand en een ligbad op een marmeren platform met opening naar de rest van het huis maakt optimaal gebruik van het natuurlijke licht van de gerenoveerde woning.

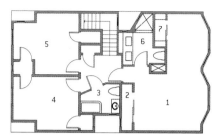

Second floor plan

1. Master suite
2. Closet
3. Bathroom
4. Bedroom
5. Bedrooom
6. Master bathroom
7. Closet

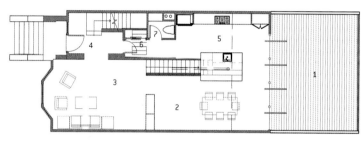

First floor plan

1. Deck
2. Dining room
3. Living room
4. Entry
5. Kitchen
6. Closet
7. Powder

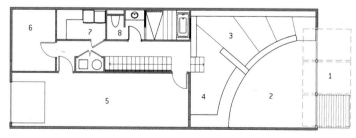

Basement floor plan

1. Yard
2. Sitting area
3. Gallery
4. Home office
5. Garage
6. Storage
7. Laundry
8. Bathroom

Zen Bathroom

New York, USA

Originally fitted out in marble and wood, this bathroom has been redesigned in a traditional Japanese style. Rustic wood, pebbles and stone in the flooring are key elements in this inviting and relaxing home spa.

Dieses ursprünglich aus Marmor und Holz gebaute Bad wurde im Stil traditioneller japanischer Badehäuser entworfen. Rustikales Holz sowie Kiesel und Stein als Bodenbelag definieren einen Wellnessbereich, der Entspannung ausstrahlt.

Cette salle de bains, à l'origine en marbre et en bois, a été redessinée dans le style des maisons de bains traditionnelles japonaises. Bois rustique, galets et pierre sur le sol constituent un spa qui inspire la détente.

Deze badkamer werd in de stijl van de traditionele Japanse badhuizen ontworpen, aanvankelijk in marmer en hout. Rustiek hout, ronde kiezelstenen en een stenen vloer geven vorm aan een spa die ontspanning uitstraalt.

 Tow Studios Architecture
www.towarchitecture.com
© Eric Piasecki, Howard Tsao

 Wood, pebble, stone / Bois, galets, pierre / Holz, Kiesel, Stein / Hout, ronde kiezelsteen, steen

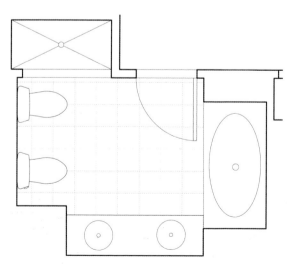

Existing bathroom plan before renovation

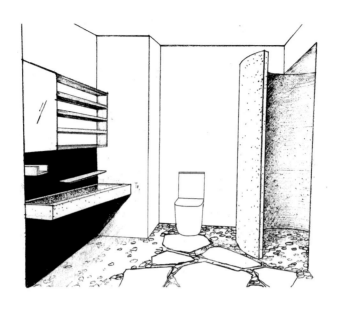

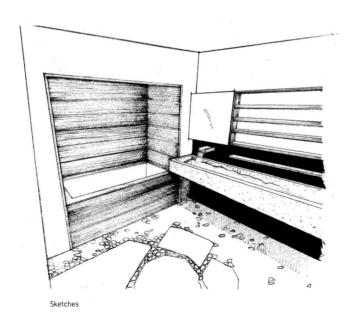

Sketches

Spatial Appropriation

This loft has been built on a former brownfield. This bathroom is envisaged as a wellness space dominated by semi-transparent surfaces that transfuse light.

In einem ehemaligen Fabrikraum haben die Architekten dieses Loft entworfen. Das entsprechende Bad wurde als Wellnessbereich definiert, der das durch das aus den Halbtransparenzen einfallende Licht eingegrenzt.

Dans l'espace qu'occupait avant une usine, les architectes ont conçu ce loft, où la salle de bains est définie comme une zone de bien-être régie par la lumière des semi-transparences.

De architecten ontwierpen deze loft in een voormalige fabriek. De badkamer werd opgevat als een wellnessruimte en wordt be-heerst door halfdoorschijnende afschermingen waardoor het licht naar binnenvalt.

@ **Holodeck architects**
www.holodeck.at
© Grazia Ike Branco

Concrete, glass / Béton, verre / Beton, Glas / Beton, glas

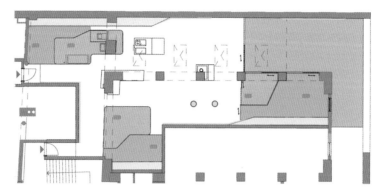

Plan before renovation

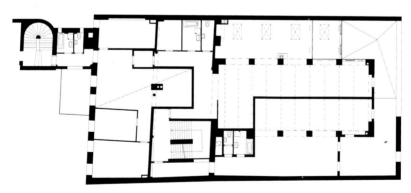

Plan after renovation

Brooklyn Heights Master Bath

New York, USA

This project reconfigured the bathroom's former layout to relocate the original shower and tub, and add a dressing table that seems to extend from the walk-in closet.

La rénovation a impliqué la reconfiguration de l'espace pour abriter la douche et la baignoire existantes et ajouter un cabinet de toilettes, qui apparaît comme une extension du dressing de la maison.

Aufgrund des neuen Designs musste der Bereich der vorhandenen Dusche und Badewanne umgestaltet und ein Waschtisch, der als Verlängerung des Ankleideraums des Hauses erscheint, aufgenommen werden.

De verbouwing betekende de herindeling van de ruimte. De douche en het ligbad die reeds bestonden werden in het ontwerp opgenomen en er werd een wastafel toegevoegd als een uitbreiding van de inloopkast van de woning.

 Spg Architects
www.spgarchitects.com
© Spg Architects

 Ceramics, stone / Céramique, pierre / Keramik, Stein / Keramiek, steen

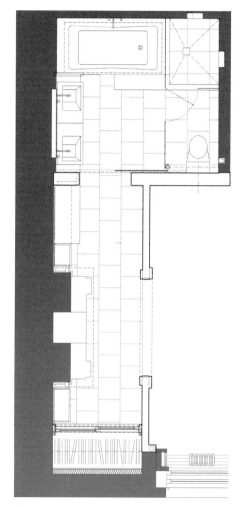

Floor plan

DESIGN TIPS

XXS

MEDIUM

OPEN & VIEW

ENSUITE

XXL

XXS

Just because a house is small does not mean it cannot have a top quality design. Clever layouts, the right wall and floor coverings, and the best furnishings optimize the use of small areas as bathrooms.

Ce n'est pas parce que ces petites habitations ne comptent que peu de mètres carrés qu'il faut renoncer à la qualité du design. La distribution intelligente de l'espace, l'installation de revêtements adaptés et l'utilisation des meilleures ressources en termes de mobilier rendent possible une exploitation maximale des espaces réduits dédiés à la salle de bains.

Kleine Wohnungen mit wenigen Quadratmetern müssen aufgrund ihrer Größe nicht auf Designqualität verzichten. Eine intelligente Raumaufteilung, die Verwendung angemessener Verkleidungen und der Einsatz bester Ressourcen hinsichtlich der Möbel machen die maximale Nutzung der für das Bad vorgesehenen reduzierten Bereiche möglich.

Woningen met een kleine oppervlakte hoeven, omdat ze klein zijn, niet perse aan ontwerpkwaliteit in te boeten. De intelligente indeling van de ruimte, de toepassing van geschikte bekledingen en het gebruik van de beste meubeloplossingen maken het mogelijk om kleine badkamers optimaal te benutten.

The bathroom is part of a tube-shaped ve-
neered structure that continues into the
bedroom. The transparency of the walls
has been used to create an attractive wall
covering.

*Das Bad ist Teil einer Struktur mit rohrförmiger
Holzverkleidung, die sich bis ins Schlafzimmer fortsetzt. Die Transparenz wurde für eine
attraktive Verkleidung an der Wand genutzt.*

La salle de bains fait partie d'une structure
avec des panneaux en bois en forme de
tube qui se prolongent jusqu'à la chambre.
Sur le mur, un revêtement attrayant joue sur
la transparence.

*De badkamer maakt deel uit van een buis-
vormige structuur, bekleed met fineerhout,
die doorloopt tot aan de slaapkamer. Er werd
gebruik gemaakt van transparantie voor een
aantrekkelijke wandbekleding.*

The shower and WC are inset in one of the interior nooks in the apartment. This space stands out for its clever use of color.

Les toilettes et la douche occupent le même espace dans l'une des ouvertures intérieures de l'appartement. L'utilisation de la couleur souligne l'espace.

Toilette und Dusche teilen sich den Raum in einer der Innenöffnungen des Appartements. Der Farbeinsatz betont den Raum.

Het toilet en de douche delen een ruimte in één van de inhammen in het appartement. Het gebruik van kleur luistert de ruimte op.

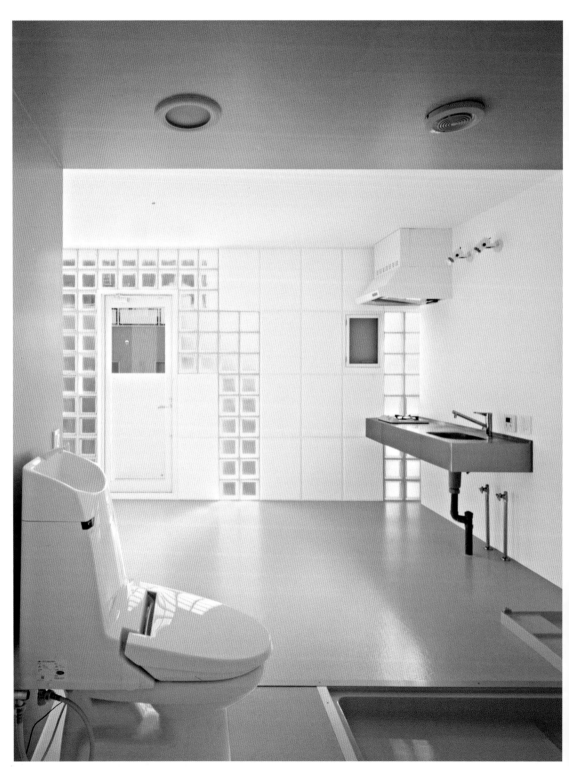

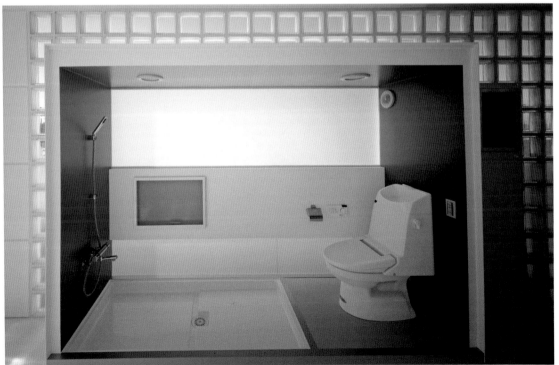

The pale contrasting colors in the floor, echoed in the curtains, ceiling and stone wall coverings, give the space a sensation of amplitude despite its narrow dimensions.

Die hellen Farben der Gardinen, Decke und Steinverkleidung im Gegensatz zum Boden erwecken trotz des schmalen Raums den Eindruck von Weite.

Les couleurs claires offrent un contraste avec le sol et se retrouvent sur les rideaux, au plafond et sur le revêtement en pierre. Elles apportent une impression d'espace malgré l'exigüité de l'espace.

De lichte kleuren die in de gordijnen, het plafond en de stenen wanden gebruikt werden staan in contrast met de vloer en geven een gevoel van ruimte ondanks het feit dat het vertrek erg eng is.

Transparent surfaces are a perfect choice for small spaces. Glazed walls define this bathroom space and allow daylighting to pass through.

Les transparences sont idéales pour les espaces réduits. Les cloisons en verre défi-nissent la zone de la salle de bains et per-mettent, en même temps, le passage de la lumière naturelle.

Transparenzen sind für kleine Räume ideal. Glasaußenwände definieren den Badebe-reich und lassen gleichzeitig Tageslicht eindringen.

Transparanties zijn ideaal voor kleine ruim-ten. Glazen wanden omlijnen de badkamer-ruimte waardoor tegelijkertijd het natuur-lijke licht naar binnen kan vallen.

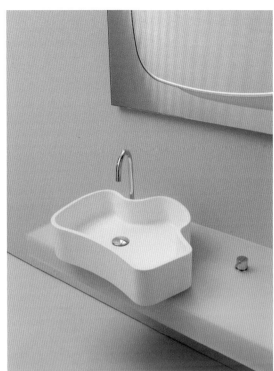

One way of using all the spaces in the house is to distribute the bathroom functions over different areas. Choosing designer pieces creates a hierarchy in each particular area.

Eine Möglichkeit zur Nutzung aller Bereiche im Haus ist die Aufteilung der Badfunktionen in unterschiedlichen Ambientes. Die Ausstattungsauswahl beim Design stuft jeden Winkel nach seinem Rang ein.

Le fait de distribuer les fonctions de la salle de bains sur différentes pièces constitue une façon de profiter de tous les espaces de la maison. Le choix de l'équipement du design hiérarchise chaque recoin.

Om alle ruimten van het huis te benutten kunnen de diverse badkamerfuncties over verschillende zones worden verdeeld. De keuze van de designstukken creëert hierbij een hiërarchie in elk van de zones.

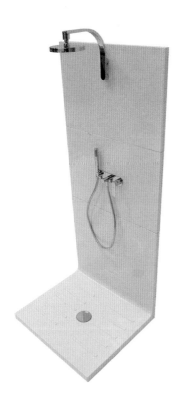

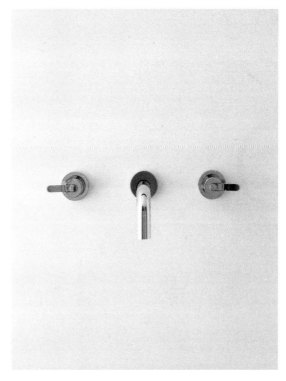

These faucets are directly inset in the wall to save space. This is an ideal solution for stand alone wash basins with no adjoining countertop.

La robinetterie fixée directement au mur permet de gagner de l'espace. C'est une solution idéale pour les lavabos encastrés sur des meubles individuels sans tablette.

Die unmittelbar in die Wand eingebauten Armaturen tragen zur Platzeinsparung bei. Dabei handelt es sich um eine ausgezeichnete Lösung für Waschbecken auf Solomöbeln ohne Waschtisch.

Het direct tegen de wand geplaatste kraanwerk draagt bij aan de ruimtebesparing. Dit is een ideale oplossing voor wasbakken die op individuele meubels zonder tafelblad steunen.

MEDIUM

Bathroom fixtures created by famous designers and furnishings that compliment the rest of the house: ornamentation and functionality go hand in hand in medium sized bathrooms. This is thanks to the vast range of furnishings and fittings that are available to transform these spaces into real focal points inside the house.

Des sanitaires signés par de grands designers et du mobilier assorti au reste de la maison : la décoration et la fonctionnalité vont de paire dans les salles de bains de taille moyenne, grâce à une offre diversifiée d'équipements qui en fait les véritables centres d'attention de la maison.

Sanitäreinrichtungen von berühmten Designern und Möbel, die zur restlichen Wohnung passen: in mittelgroßen Bädern gehen Dekoration und Funktionalität dank eines vielfältigen Ausstattungsangebots einher, das sie in echte Attraktionen im Haus verwandelt.

Sanitair van beroemde ontwerpers en meubilair dat bij de rest van de woning past: decoratie en functionaliteit gaan hand in hand in middelgrote badkamers, dankzij een afwisselend assortiment sanitaire artikelen die deze ruimten in het ware middelpunt van het huis veranderen.

This bathroom has been personalized through a combination of mosaics following a single color scheme. The tub has been inset into the floor to visually free up space.

La combinaison de mosaïques dans la même gamme chromatique donne une salle de bains personnalisée. La baignoire se trouve au niveau du sol, ce qui libère visuellement l'espace.

Die Mosaikkombination innerhalb der gleichen Farbserie schafft ein persönlich angepasstes Bad. Die Badewanne steht auf Bodenhöhe, wodurch optisch Freiraum geschaffen wird.

De combinatie van mozaïeken binnen hetzelfde kleurengamma geeft een persoonlijk tintje aan de badkamer. Het ligbad is ter hoogte van de vloer aangebracht, waardoor de ruimte visueel wordt vrijgehouden.

Expanses of mirrored surfaces infuse these
marble-covered spaces with light. The mir-
rors on the units beneath the wash basin
enhance the sensation of spaciousness.

Les vastes miroirs apportent de la légèreté
à ces espaces recouverts de marbre. Les miroirs situés sur les placards se trouvant sous
du lavabo multiplient la sensation d'espace.

Große spiegelbedeckte Flächen verleihen diesen marmorverkleideten Bereichen Leichtig-
keit. Die Spiegel an den Schränken unter dem
Waschbecken multiplizieren das Platzgefühl.

De grote met spiegels bedekte oppervlakken
geven deze ruimten in marmer een luchtig effect. De spiegels van de kasten onder de wasbak vermenigvuldigen het gevoel van ruimte.

The WC is hidden behind a partition wall that separates it from the washing area.

La partie toilettes se trouve derrière une cloison qui la sépare de la salle d'eaux.

Der Toilettenbereich befindet sich hinter einer Zwischenwand, der ihn vom Waschbereich trennt.

De zone met wc en bidet bevindt zich achter een tussenschot dat haar van de rest van de sanitaire voorzieningen scheidt.

Modern bathrooms can include ornaments and furnishings that are traditionally restricted to other rooms.

In zeitgenössischen Bädern sind Dekorationsgegenstände und Möbel zulässig, die traditionsgemäß zu anderen Bereichen im Haus gehören.

Les objets de décoration et le mobilier qui correspond habituellement à d'autres espaces de la maison peuvent être intégrés aux salles de bains modernes.

Decoratieve voorwerpen en meubels die traditioneel gezien bij andere kamers in het huis horen zijn in eigentijdse badkamers toegestaan.

Contrasting colors and textures are the magic ingredients in this bathroom. A big window soaks the room with daylighting, with the color yellow being chosen to enhance the lighting and give the space a cozy feeling.

In diesem Bad herrscht der Kontrast zwischen Farbe und Textur vor. Durch das große Fenster dringt Tageslicht ein, während die gelbe Farbe dem Raum Gemütlichkeit verleiht.

Le contraste de couleur et de texture donne la constante de cette salle de bains. Tout en tirant parti de la grande fenêtre, qui permet le passage de la lumière naturelle, on a choisi la couleur jaune pour rendre l'espace accueillant.

Het contrast van kleur en textuur bepaalt de sfeer van deze badkamer. Door het grote raam valt natuurlijk licht naar binnen en om een vleugje gezelligheid aan de ruimte te geven werd voor de kleur geel gekozen.

Solutions such as this small unit next
to the tub help organize space and
avoid the need to fit shelving that
would disrupt the overall aesthetics.

Des solutions comme ce petit meuble
de rangement à côté de la baignoire
permettent de conserver de l'ordre,
tout en évitant l'installation d'étagères
qui nuiraient à l'esthétique globale.

Lösungen wie dieses kleine Möbelstück neben der Badewanne tragen zur
Ordnung bei und verhindern den Einbau von Regalen, die die Gesamtoptik
beeinträchtigen würden.

Dankzij oplossingen zoals dit kleine
bijzetmeubel naast het ligbad wordt
de badkamer opgeruimd gehouden en
hoeven geen rekken te worden gebruikt
die het algehele aanzicht verstoren.

Mosaics are ideal for curved surfaces. The varying silver and white shades help reflect light in this contemporary, deluxe space.

Le revêtement en mosaïque est idéal pour les surfaces ondulées. Les variations dans les tons argent et blanc permettent de réfléchir la lumière dans une pièce au luxe moderne.

Mosaikverkleidungen sind ideal für gewellte Flächen. Variationen in Silber- und Weißtönen unterstützen die Lichtreflektierung in einem Ambiente aus zeitgenössischem Luxus.

Mozaïek is ideaal voor het bekleden van oppervlakken met rondingen. De zilveren en witte kleurschakeringen helpen het licht te weerspiegelen in een eigentijdse luxeruimte.

OPEN & VIEW

In these deconstructed bathrooms, the different functions are organized in different areas. WCs are hidden away in more private areas, while showers and tubs are placed in more open spaces to make the most of the views and comforts of less conventional dwellings.

Dans ces salles de bains déstructurées, les fonctions sont distribuées sur différents espaces. Les sanitaires sont protégés dans des coins plus privés et les douches et baignoires sont situées dans des zones ouvertes pour tirer le meilleur parti des vues et des commodités d'une maison peu traditionnelle.

Bei diesen entstrukturierten Bädern sind die Funktionen auf verschiedene Bereiche verteilt. Die Sanitäreinrichtungen stehen geschützt in privateren Bereichen, während Duschen und Badewannen in offene Bereiche gelegt werden, um die Aussichten und den Komfort einer nicht gerade traditionellen Wohnung zu nutzen.

In deze gedestructureerde badkamers zijn de functies over verschillende ruimten verdeeld. Toiletten worden in de meer persoonlijke zones ondergebracht en douches en ligbaden worden in open zones geplaatst om optimaal te genieten van het uitzicht en het comfort van een geenszins traditionele woning.

The bathroom is located to one side of the bedroom. It is divided into two spaces: one is the bathing area, raised on a deck and fitted out with a Philippe Stark tub, and the other the WC area.

Das an einer Seitenwand des Schlafzimmers gelegene Bad ist in zwei Bereiche aufgeteilt: der Waschbereich auf einem Deck mit einer Badewanne von Philippe Starck und der Bereich für die Toiletten.

Située d'un côté de la chambre, la salle de bains est divisée en deux espaces, l'un consacré à la salle d'eau, situé sur une estrade, avec une baignoire Philippe Starck, et l'autre aux toilettes.

De badkamer ligt aan één van de zijkanten van de slaapkamer en is verdeeld in twee ruimten: de aan de lichaamsverzorging gewijde zone bevindt zich op een houtvlonder met een bad van Philippe Starck, en de andere zone is gewijd aan de toiletten.

The built-in tub is next to the window giving it great sea views. A rustic-style wood under-basin unit is located at the far end of the bathroom. The WC area is located behind the screen.

Die neben dem Fenster eingebaute Badewanne nutzt den Meeresblick. Das Möbelstück unter dem Waschbecken am gegenüberliegenden Ende ist eine Holzkonsole in rustikaler Ausführung. Hinter der Zwischenwand befindet sich der Sanitärbereich.

La baignoire en maçonnerie à côté de la fenêtre permet de bénéficier de la vue sur la mer. À l'autre bout de la pièce, le meuble sous le lavabo est une console en bois avec finition rustique. Derrière la cloison, on trouve les sanitaires.

Vanuit het bad van metselwerk naast het raam heeft men uitzicht op zee. Aan de andere kant vormt het meubel onder de wasbak een rustiek afgewerkte houten console. Achter het tussenschot bevindt zich de zone met sanitaire voorzieningen.

This clever design gives the bathroom an appearance of being integrated into the bedroom, sharing one big space defined by a structure that replicates the canopies of a bed.

In diesem Fall hat das Design dazu verholfen, dass das Schlafzimmer im Bad integriert erscheint, indem es einen großen Bereich teilt, der von einer Struktur als Imitation der Betthimmel abgegrenzt wird.

Le design a permis ici de créer l'illusion d'une chambre intégrée à la salle de bains, en partageant un grand espace délimité par une structure qui imite les lits à baldaquin.

Het ontwerp heeft er, in dit geval, voor gezorgd dat de slaapkamer lijkt te zijn ondergebracht in de badkamer. Beide kamers delen een grote ruimte die is afgebakend door een structuur die de baldakijnen van bedden nabootst.

 Restrained and elegant designs and
furnishings, such as this wash basin,
are perfect for minimalist interiors.

*Les designs sobres et élégants, comme
celui de ce lavabo, sont idéals pour les
pièces minimalistes.*

*Nüchterne und elegante Designs wie
dieses Waschbecken sind für minimalistische Ambiente ausgezeichnet
geeignet.*

*Sobere, elegante ontwerpen zoals dat
van deze wasbak zijn ideaal voor minimalistische ruimtes.*

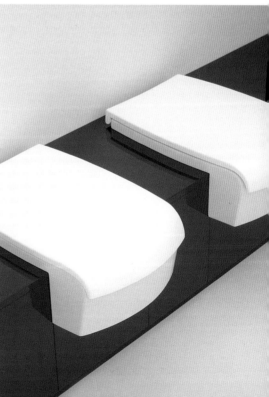

A splash of contrasting color can be eye-catching, as is the case in this plexiglass tub.

Durch einen Kontrastfarbstich wie die Acryl-badewanne wird Aufmerksamkeit erweckt.

Une touche de couleur contrastée attire l'attention, comme la baignoire en métha-crylate.

Een vleugje kleur voor het contrast trekt de aandacht, zoals dat het geval is bij dit me-thacrylaatbad.

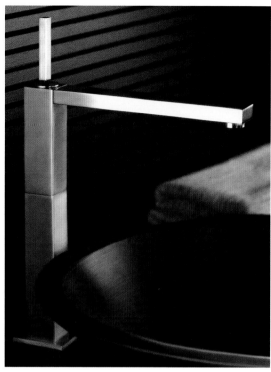

 This yellow silicone shower head is ideal for modern interiors with a young twist.

Cette pomme de douche en silicone jaune est parfaite pour des atmosphères jeunes et contemporaines.

Dieser Duschkopf aus gelbem Silikon ist ausgezeichnet für junge und zeitgenössische Ambiente.

Deze douchekop in gele silicone is ideaal voor jeugdige, eigentijdse ruimten.

The mosaic reproducing a large-scale motif transcends the open bathroom to become a mural that forms an integral part of the house's interior design scheme.

Die Mosaikverkleidung ist eine Nachbildung einer großformatigen Abbildung und geht über das offene Bad hinaus, um sich in eine Wandverkleidung zu verwandeln, die Teil der Innengestaltung der Wohnung ist.

Le revêtement en mosaïque, qui reproduit une image grand format, transcende la salle de bains ouverte pour devenir une peinture murale qui s'intègre à la décoration intérieure de l'habitation.

De mozaïek die een grote afbeelding weergeeft, loopt verder tot aan het open bad en verandert in een muurschildering die deel uitmaakt van het interieur van het huis.

ENSUITE

As spaces adjoining bedrooms, en suite bathrooms are clearly defined and may sometimes be visually connected with the bedroom. These two spaces must have a coherent design.

S'agissant d'espaces adjacents aux chambres, les salles de bains attenantes restent clairement définies, connectées ou non visuellement à la pièce de repos où l'on doit préserver la cohérence du design.

Als direkt zum Schlafzimmer gehörende Bereiche bleiben die optisch mit dem Ruhesaal verbundenen oder davon getrennten Ensuite-Bäder, mit dem sie Kohärenz im Design wahren müssen, klar definiert.

En suite badkamers zijn al dan niet visueel verbonden met de slaapkamer maar duidelijk afgebakend en daarom dienen beide kamers qua ontwerp een samenhangend geheel te vormen.

The design of this bathroom is based on a sculptural screen. Inspired by a sheet of paper, the design uses the fold as a counter-top with a wash basin and mirror.

Das Bad ist ausgehend von einer bildhauerischen Zwischenwand definiert. Anhand der Inspiration eines Blattes Papiers nutzt das Design die Faltung als Waschtisch und baut dort Waschbecken und Spiegel ein.

Cette salle de bains est définie par une paroi sculpturale. Inspiré d'une feuille de papier, le design met à profit le pliage pour l'utiliser comme tablette et y placer le lavabo et le miroir.

Deze badkamer is ontworpen op basis van een gebeeldhouwd tussenschot. Het ontwerp, dat is geïnspireerd op een blad papier, gebruikt de vouw als wastafelblad met daarop de wasbak en spiegel.

The shower and WC are enclosed behind
a glass screen. Unity with the rest of the
space is achieved by using the same color
scheme as in the bedroom.

*Dusche und Toilette bleiben innerhalb einer
Glasaußenwand. Die Einheitlichkeit mit dem
restlichen Umfeld zeigt sich an der gleichen
Farbserie des Schlafzimmers.*

La douche et les toilettes sont fermées par
une paroi en verre. L'unité avec le reste de
la pièce est soulignée par la même gamme
chromatique que la chambre.

*De douche en sanitaire voorzieningen be-
vinden zich binnen een glazen afscherming.
De eenheid met de rest van de ruimte wordt
bereikt door het gebruik van hetzelfde kleurengamma als de slaapkamer.*

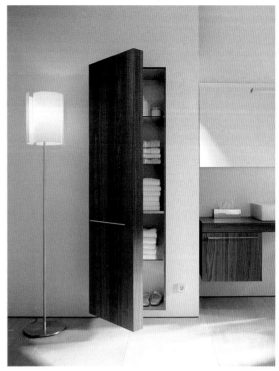

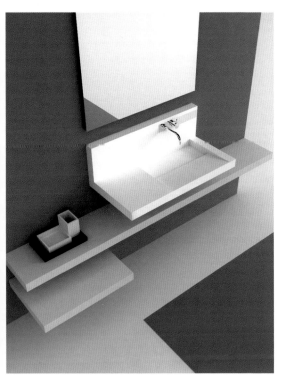

This screen anchored to the floor is a good solution for en suite bathrooms with limited shower space.

Dieser nur am Boden befestigte Wandschirm ist eine Lösung für Ensuite-Bäder mit wenig Platz für die Dusche.

Ce pare-douche fixé uniquement au sol est une solution pour les salles de bains attenantes avec peu d'espace pour la douche.

Dit slechts aan de vloer bevestigde scherm is een oplossing voor en suite badkamers die over weinig ruimte voor de douche beschikken.

The decorative elements include tiling with graphic motifs and restrained tones. These are visually connected with the retro-style mirror, reminiscent of antique dressing tables.

Die Verkleidung mit grafischen Motiven und nüchternen Farbtönen bringt eine dekorative Komponente ein. Zusammen mit dem Spiegel im Retro-Stil erinnert ihre Optik an die ehemaligen Toilettentische.

Le revêtement aux motifs graphiques et aux tons sobres apporte une touche de décoration. Son esthétique, alliée à celle du miroir de style rétro, évoque les anciens cabinets de toilette.

De bekleding met grafische motieven en sobere kleuren zorgt voor een decoratieve component. De esthetiek doet, samen met dat van de spiegel in retrostijl, denken aan de vroegere boudoirs.

XXL

When bathrooms are more than ample, they can venture beyond their basic functions to become real temples of relaxation. Huge tubs and hydrotherapy showers are the *pièce de résistance* of these home spas.

Lorsque la surface en mètres carrés est généreuse, les salles de bains vont bien au-delà de leurs fonctions de base et deviennent de véritables temples de la détente. Les baignoires de grandes dimensions et les douches aux fonctions thérapeutiques sont les vedettes de ces spas privés.

Bei großzügigen Quadratmeterzahlen gehen die Bäder über ihre Grundfunktion hinaus und werden zu echten Tempeln der Entspannung. Badewannen mit großen Abmessungen und Duschen mit therapeutischen Funktionen sind die Hauptdarsteller in diesen privaten Wellnessanlagen.

Wanneer men over vele vierkante meters beschikt vervullen badkamers meer dan alleen de basisfuncties en worden zij ware ontspanningstempels. Grote ligbaden en douches met therapeutische functies zijn de sterren van deze privéspa's.

The solid black granite core unit in the center of this bathroom houses the tub and in the part behind, a wooden wash basin.

Ein solider schwarzer Granitblock in der Mitte des Badezimmers umfasst die Badewanne und ein Waschbecken aus Holz auf der Hinterseite.

Le solide bloc de granit noir qui se dresse au centre de la salle de bains abrite la baignoire et un lavabo en bois à l'arrière.

Het degelijke zwarte granietblok dat zich in het midden van de badkamer verheft omvat het ligbad en aan de achterkant een houten wasbak.

Outsized sprinklers and temperature regulating faucets have been used to make the shower zone into a central feature. Vintage furnishings and wash basins created by Ramón Soler add a touch of Provençal charm.

Um den Bereich der Duschen hervorzuheben, wurden große Duschköpfe und thermostatische Armaturen eingebaut. Vintage-Möbel und Waschbecken der Firma Ramón Soler bringen ein Hauch Provence ein.

Pour faire ressortir le coin douche, on a installé de grandes pommes de douche et des robinetteries thermostatiques. Les meubles vintage et les lavabos décorés signés Ramón Soler apportent un air provençal.

Om de douchezone een opvallende uitstraling te geven zijn grote sproeiers en thermostaatkranen gebruikt. De vintagemeubels en de versierde wasbak van de firma Ramón Soler geven de badkamer een Provençaalse sfeer.

This color of this tub highlights the interior garden area.

Die farbliche Einheit dieses Bads verleiht dem Innengarten die Hauptrolle.

L'unité chromatique de cette salle de bains met en valeur le jardin intérieur.

De kleureenheid van deze badkamer zorgt ervoor dat de binnentuin een opvallende rol krijgt.

This relaxing atmosphere has been achieved using a blend of soothing colors and maximum daylighting through skylights.

Durch den Einsatz ruhiger Farbtöne und der möglichst großen Lichtmenge durch die Dachluken entstand diese entspannende Atmosphäre.

L'atmosphère de détente a été obtenue par l'emploi d'une gamme de tons calmes et une grande quantité de lumière grâce aux lucarnes percées dans le toit.

De ontspannende sfeer is ontstaan door het gebruik van een rustig kleurengamma en maximaal via de dakramen binnenvallend licht.

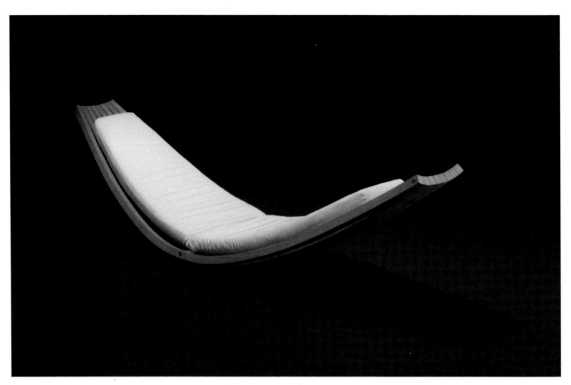

The pure lines and simple shapes of this Zen-inspired faucet compliments outsized spa tubs.

Les lignes pures et les formes simples de cette robinetterie d'inspiration zen se conjuguent avec des salles de bains de grandes dimensions intégrant des fonctions spa.

Die puristischen Linien und einfachen Formen dieser zen-inspirierten Armatur passen zu großen Bädern mit Wellnessfunktionen.

De zuivere lijnen en eenvoudige vormen van dit op zen geïnspireerd kraanwerk passen bij grote badkamers die met spafuncties zijn uitgerust.

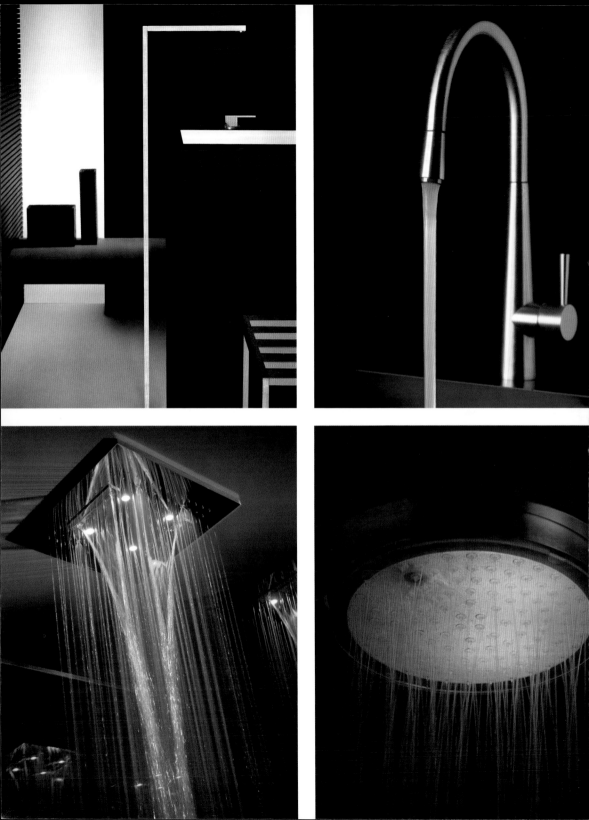

This modular system can be configured to achieve a variety of wash basin and storage unit layouts to suit different bathroom spaces.

Dieses Baukastensystem lässt Variationen hinsichtlich des Einbaus des Waschbeckens und der Schränke entsprechend der Eigenschaften der einzelnen Bäder zu.

Ce système modulaire permet des changements dans l'installation du lavabo et des placards, en accord avec les caractéristiques de chaque salle de bains.

Dit modulaire systeem biedt diverse mogelijkheden voor de wasbak en de kasten in overeenstemming met de kenmerken van elke badkamer.

The large expanses of XXL bathrooms are ideal for patterned wall and floor coverings. When these are used, complimentary décor is not necessary.

Die großen Flächen der XXL-Bäder ermöglichen den Einsatz von Verkleidungen mit Motiven. In diesen Fällen sind keine weiteren Dekorationselemente erforderlich.

Les grandes surfaces des salles de bains XXL permettent la mise en place de revêtements à motifs. Dans ce cas, davantage d'éléments décoratifs ne sont pas nécessaires.

De grote oppervlakken van de XXL badkamers maakt de toepassing van bekledingen met dessins mogelijk. In deze gevallen zijn er geen andere decoratieve elementen meer nodig.

KITCHENS

CUISINES | KÜCHEN | KEUKENS

Farmhouse Voges redox

Hannover, Germany

This farmhouse was renovated to create luminous, open spaces. A kitchen island was chosen to enhance communication with the dwelling's public spaces.

Rénovation d'une ferme avec des espaces lumineux et ouverts. C'est une cuisine en forme d'îlot qui a été choisie car elle favorise la communication avec les zones publiques.

Umbau eines Bauernhofs auf der Grundlage heller und offener Räume. Man entschied sich für eine Küche in Inselform, um die Kommunikation mit den öffentlichen Bereichen zu begünstigen.

Renovatie van een boerderij, gebaseerd op lichte en open ruimten. Er is gekozen voor een kookeiland, om de connectie met de algemene ruimten te bevorderen.

 Despang Architekten
www.despangarchitekten.de
© Martin Despang

 Wood, stainless steel, lacquer /
Bois, acier inoxydable, laque / Holz,
Edelstahl und Lack / Hout, roestvrij
staal, lakafwerking

Muswell Hill

The kitchen in this 1930s house marks the division between the dining and living areas with its horizontal arrangement in the middle of this space.

La cuisine de cette maison, qui remonte à 1930, marque la séparation entre la zone de la salle à manger et la salle de séjour de par sa disposition horizontale au milieu de l'espace.

Die Küche dieser Wohnung aus dem Jahr 1930 bildet mit ihrer waagerechten, mitten im Raum gelegenen Anordnung die Trennung zwischen Ess- und Wohnzimmerbereich.

In de keuken van deze uit 1930 daterende woning, is duidelijk de scheiding tussen de eetzone en het woongedeelte aangegeven, door middel van de horizontale indeling in het midden.

 Gregory Phillips Architects
www.gregoryphillips.com
© Darren Chung

 Lacquer / Laque / Lack / Lakafwerking

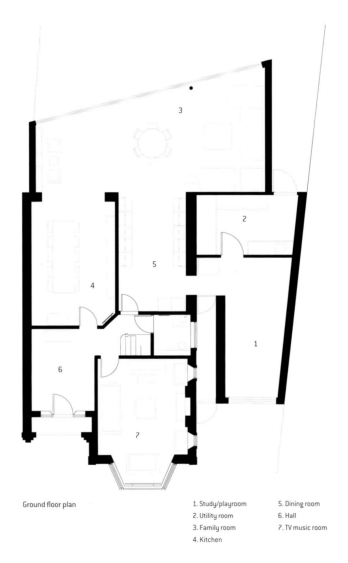

Ground floor plan

1. Study/playroom
2. Utility room
3. Family room
4. Kitchen

5. Dining room
6. Hall
7. TV music room

Totteridge

This kitchen is the result of remodeling a 1930s dwelling. It is arranged in two parallel work areas, and the island-shaped cooking area incorporates an office bar.

Diese Küche ist das Ergebnis des Umbaus einer Wohnung aus den 30er Jahren. Sie ist in zwei parallele Arbeitsbereiche aufgeteilt. Zum Kochbereich in Inselform gehört eine Anrichtetheke.

Cette cuisine est le fruit du réaménagement d'une maison des années 30. Elle comprend deux zones de travail parallèles et la zone de cuisine proprement dite, en forme d'îlot et dotée d'un comptoir d'*office*.

Deze keuken is het resultaat van een renovatie van een jaren '30-woning. Ze is verdeeld in twee parallelle werkzones met kookeiland en *eetbar*.

 Gregory Phillips Architects
www.gregoryphillips.com
© Darren Chung

 Lacquer, wood, stainless steel / Laque, bois, acier inoxydable / Lack, Holz und Edelstahl / Lakafwerking, hout, roestvrij staal

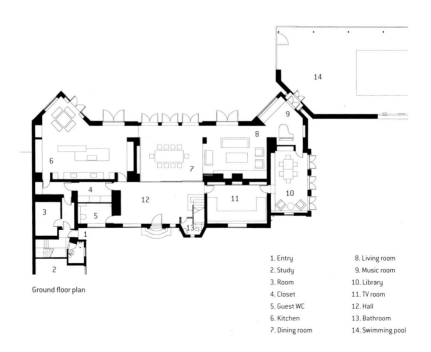

Ground floor plan

1. Entry
2. Study
3. Room
4. Closet
5. Guest WC
6. Kitchen
7. Dining room
8. Living room
9. Music room
10. Library
11. TV room
12. Hall
13. Bathroom
14. Swimming pool

Sheen

This kitchen is located in part of an extension to a Georgian house. An island sits in the center, around which all movement revolves between the kitchen and dining area.

Diese Küche gehört zur Erweiterung eines georgianischen Hauses. Eine Insel nimmt die Mitte ein, während die Verkehrsachse zwischen Esszimmer- und Küchenbereich liegt.

La cuisine fait partie de l'agrandissement d'une maison géorgienne. Son centre est occupé par un îlot qui représente l'axe de circulation entre la zone de la salle à manger et la cuisine.

Deze keuken maakt deel uit van een Georgian huis. In het midden staat een kookeiland en het gedeelte tussen de eethoek en de keuken vormt de doorgang.

 Gregory Phillips Architects
www.gregoryphillips.com
© Darren Chung

 Stainless steel, wood, lacquer / Acier inoxydable, bois, laque / Edelstahl, Holz und Lack / Roestvrij staal, hout, lakafwerking

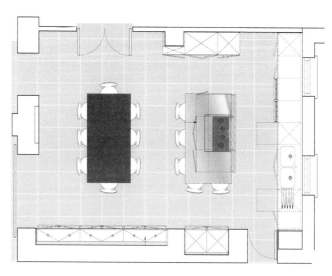

Kitchen plan

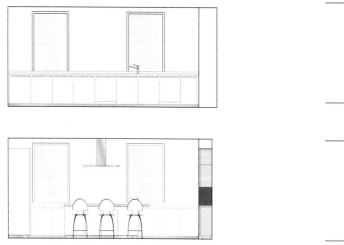

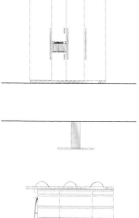

Sections

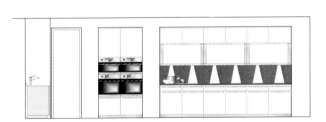

Sections

Apartment in Zaragoza

Zaragoza, Spain

After this 1950s dwelling had been completely renovated, an open-plan kitchen was designed incorporating a white Corian countertop.

Nach dem Gesamtumbau dieser Wohnung aus der Zeit gegen Ende der 50er Jahre entschied man sich für eine offene Küche mit Arbeitsplattentisch aus weißem Corian.

Suite au réaménagement complet de cette demeure de la fin des années 50, c'est une cuisine ouverte avec une table de travail en Corian blanc qui a été réalisée.

Na de volledige renovatie van deze woning uit eind jaren '50, werd gekozen voor een open keuken met een werkblad van wit Corian.

Magén Arquitectos
www.constancehotels.com
© Eugeni Pons, Gonzalo Bullón

Corian, smoked oak, white oiled oak flooring / Corian, chêne fumé, revêtement en chêne à l'huile blanche / Corian, Raucheichenholz, geölter weißer Eichenholzboden / Corian, gerookt eikenhout, eikenhouten vloer, behandeld met whitewash-olie

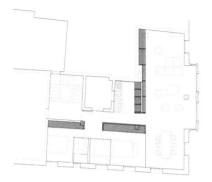

New floor plan

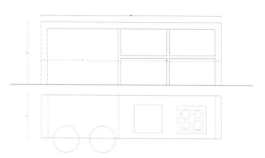

Kitchen countertop

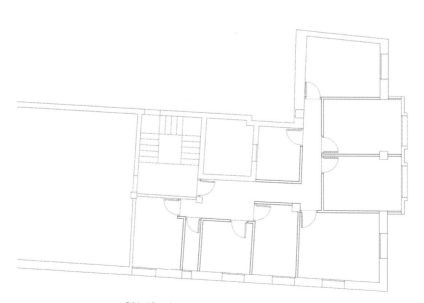

Original floor plan

Tattoo

Fitzroy North, Victoria, Australia

The vinyl of white trees on the façade characterizes the extension of this 19th century house. Inside, the kitchen and the living room make the very best of their unique locations.

L'agrandissement de cette maison du XIXe siècle se caractérise par le vinyle des arbres blancs de la façade. À l'intérieur, la cuisine et la salle à manger tirent parti de leur emplacement singulier.

Die Erweiterung dieses Hauses aus dem 19. Jahrhundert zeichnet sich durch das Vinyl weißer Bäume an der Fassade aus. In Inneren nutzen Küche und Wohnzimmer ihre einzigartige Lage.

De uitbouw van deze negentiende-eeuwse woning wordt gekenmerkt door het vinyl van witte bomen op de gevel. In het interieur wordt de bijzondere ligging van de keuken en zitkamer optimaal benut.

Andrew Maynard Architects
www.maynardarchitects.com
© Cara Wiseman, Katharine Dettmann, Peter Bennetts

Lacquer / Laque / Lack / Lakafwerking

Original floor plan

1. Bedroom
2. Living rooms
3. Dining room
4. Kitchen

5. Bathroom
6. Laundry
7. Bedroom

New floor plan

4. Living room
5. Deck
6. Kitchen

7. Tank
8. Bedrooms

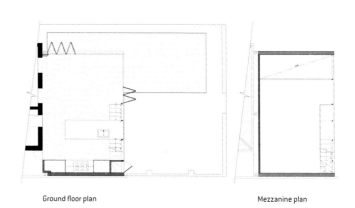

Ground floor plan

Mezzanine plan

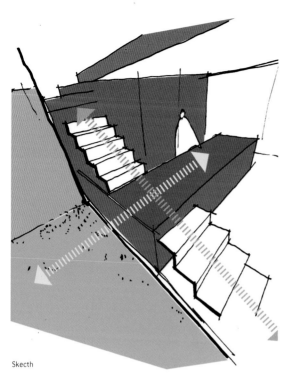

Skecth

Vader

Melbourne, Australia

The double height ceilings were exploited to obtain a spacious kitchen. Key features include two parallel work areas next to a table, and an imposing central flue.

Hier wurde die doppelte Dachhöhe genutzt, um eine große Küche zu schaffen. Die beiden parallelen Arbeitsbereiche neben einem Tisch sowie die beeindruckende Dunstabzugshaube im Zentrum stechen besonders hervor.

La double hauteur de plafond a permis d'obtenir une grande cuisine. Les deux zones de travail parallèles, ainsi que la table et l'imposante hotte centrale, se détachent.

Het hoge vertrek wordt benut voor een ruime keuken. Opvallend zijn de twee parallelle werkzones in combinatie met een tafel en de indrukwekkende afzuigkap in het midden.

 Andrew Maynard Architects
www.maynardarchitects.com
© Andrew Maynard Architects

 Stainless steel, lacquer / Acier inoxydable, laque / Edelstahl, Lack / Roestvrij staal, lakafwerking

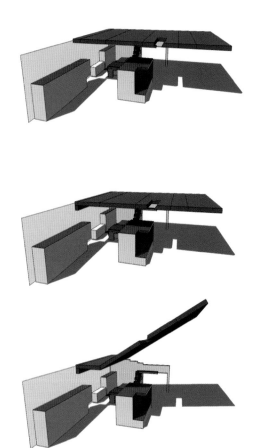
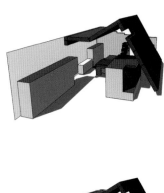
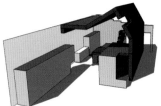
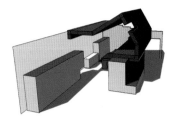

Diagrams

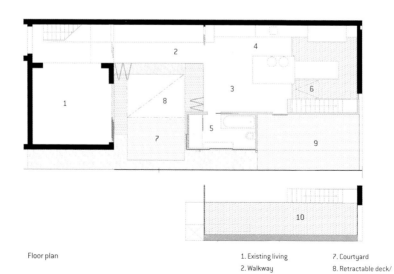

Floor plan

1. Existing living
2. Walkway
3. Living room
4. Kitchen
5. Bathroom
6. Trapdoor to cellar

7. Courtyard
8. Retractable deck/
   spa beneath
9. Car port
10. Mezzanine level

Kettle Hole House

East Hampton, New York, USA

This kitchen is tucked behind a wall that separates it from the living room. In order to unify the design scheme, similar materials were chosen to those used in the living and dining rooms.

La cuisine se trouve derrière un mur qui la sépare de la salle de séjour. Des matériaux similaires à ceux utilisés dans la salle de séjour et la salle à manger ont été choisis afin d'uniformiser le tout.

Die Küche liegt hinter einer Wand, die sie vom Essbereich trennt. Zur Vereinheitlichung wurden ähnliche Materialien wie im Wohn- und Esszimmer verwendet.

De keuken bevindt zich achter een muur waardoor ze wordt afgescheiden van de zitkamer. Bij de materiaalkeuze komen de materialen die in de zitkamer en in de eethoek zijn gebruikt terug, zodat een geheel wordt gevormd.

Murdock Young Architects
www.murdockyoung.com
© Frank Oudeman

Wood, lacquer / Bois, laque / Holz, Lack / Hout, lakafwerking

Kitchen Renovation

Quebec, Canada

This kitchen was renovated to replace the old countertops, appliances and cabinets. New windows provide daylight and views to the terrace outside.

Cette cuisine a été réaménagée pour remplacer les plans de travail, l'électroménager et les placards qui se trouvaient là. Les nouvelles fenêtres laissent entrer la lumière du jour et donnent sur la cour extérieure.

 Hal Ingberg Architect and James Aitken Architect
www.halingberg.com
© Hal Ingberg

Diese Küche wurde renoviert, indem alte Arbeitsplatten, Elektrogeräte und Schränke ersetzt wurden. Die neuen Fenster sorgen für Tageslicht und bieten einen Ausblick auf den Außenhof.

Deze keuken is gerenoveerd met de bedoeling oude werkbladen, huishoudelijke apparaten en kasten te vervangen. De nieuwe ramen geven daglicht en bieden uitzicht op de patio buiten.

 Lacquer, stainless steel / Laque, acier inoxydable / Lack, Edelstahl / Lakafwerking, roestvrij staal

Church Loft

Rotterdam, The Netherlands

Located in a former church that has been converted into a loft, this new kitchen is built into the side of a unit that serves as a storage space. The central island contains a faucet and more cabinets.

Diese neue, in einer ehemaligen, zum Loft umgebauten Kirche gelegene Küche, ist in eine Blockseite integriert, die als Lagerraum fungiert. Zur Zentralinsel gehören Wasserhahn und Hilfsschränke.

Située dans une ancienne église reconvertie en loft, la nouvelle cuisine s'intègre dans le côté d'un bloc servant de réserve. L'îlot central dispose d'un robinet et de placards auxiliaires.

Deze nieuwe keuken, gelegen in een voormalige kerk die is omgebouwd tot loft, is geïntegreerd in de zijkant van een blok die dienst doet als magazijn. Het kookeiland is uitgerust met een kraan en bijzetkasten.

123 DV Architectuur & Consult DV
www.123dv.nl
© 123 DV Architectuur & Consult DV

Stainless steel, Corian / Acier inoxydable, Corian / Edelstahl, Corian / Roestvrij staal, Corian

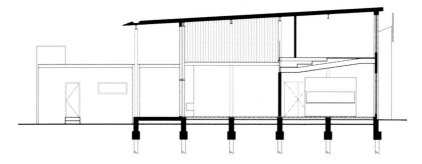

Section

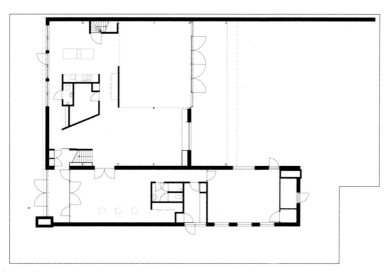

Ground floor plan

House in Dottikon

Dottikon, Switzerland

This old farm was converted into a dwelling. The kitchen was located in the barn to take advantage of the good lighting and ample space to cook and dine.

Dieser ehemalige Bauernhof wurde zu einem Wohnhaus umgebaut. Die Küche wurde in der Scheune platziert, um die guten Lichtverhältnisse und den großen Raum zum Kochen und Essen zu nutzen.

Cette ancienne ferme a été transformée en maison. La cuisine a été installée dans la grange afin de profiter de la bonne luminosité et de tout l'espace disponible pour cuisiner et manger.

Deze voormalige boerderij is omgebouwd tot woning. De keuken is ondergebracht in de graanschuur, waarbij gebruik is gemaakt van de goede verlichting en van de grote ruimte om te koken en te eten.

 Markus Wespi Jérôme de Meuron Architeketen
www.wespidemeuron.ch
© Hannes Henz, Markus Wespi Jérôme de Meuron

 Polished concrete, lacquer / Béton poli, laque / Polierter Beton, Lack / Gepolijst beton, lakafwerking

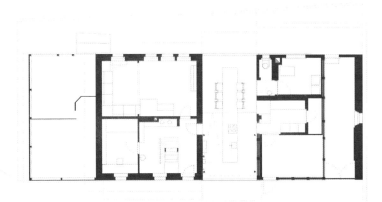

Ground floor plan

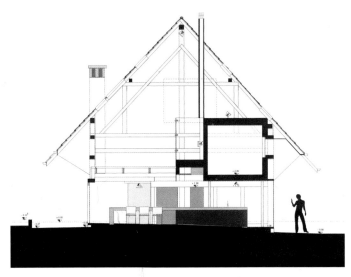

Section

House in St-Henry: an Urban Makeover

A large room that could be accessed from outside was created by demolishing a few interior walls and the kitchen pantry. The 140 ft² kitchen is crowned with a 30-inch stainless steel mobile island.

Der Abriss einiger Innenwände und der Vorratskammer in der Küche schuf einen großen Raum mit Verbindung nach außen. Die 13 m² große Küche wurde mit einer beweglichen, 76 cm großen Edelstahlinsel vollendet.

La démolition de quelques cloisons et du garde-manger dans la cuisine a permis d'obtenir une grande pièce reliée à l'extérieur. Cette cuisine de 13 m² a été parachevée par un îlot mobile en acier inoxydable de 76 cm.

Door het afbreken van een aantal tussenmuren en de voorraadkast in de keuken is een ruim vertrek ontstaan, dat met de omgeving in verbinding staat. De keuken, van 13 m², is afgewerkt met een roestvrij stalen beweegbaar eiland van 76 cm.

 Nadejda Topouzanov and Vladimir Topouzanov
© Vladimir Topouzanov

 Corian, stainless steel / Corian, acier inoxydable / Corian, Edelstahl / Corian, roestvrij staal

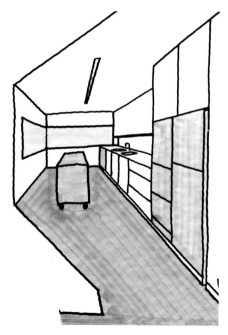

Skecth

Renovation House VA

Antwerp, Belgium

This project is the outcome of a renovation in a house, which was originally built in 1966. The kitchen and living area are visually connected, and a big window overlooks the street.

Dieses Projekt ist das Ergebnis der Renovierung eines Hauses aus dem Jahr 1966. Küche und Wohnzimmer sind optisch an einem großen Fenster mit Blick auf die Straße verbunden.

Ce projet est le fruit du réaménagement d'une maison de 1966. La cuisine et la salle de séjour sont reliées visuellement et bénéficient d'une grande baie vitrée donnant sur la rue.

Dit project is het resultaat van de renovatie van een woning uit 1966. De keuken en de zitkamer zijn zichtbaar met elkaar verbonden naast een groot raam met uitzicht op de straat.

 Filip Jacobs
www.fj.architect@telenet.be
© Filip Dujardin, Gent

 Lacquer / Laque / Lack / Lakafwerking

Dining Pavilion

Malta, Malta

This pavilion is an extension to an 18th century house. Built from aluminum and glass, the structure was aligned with columns that support a canopy for *al fresco* dining.

Dieser Pavillon ist die Erweiterung eines Hauses aus dem 18. Jahrhundert. Er wurde aus Aluminium und Glas gebaut und neben den Säulen angeordnet, die eine Stoffmarkise für Abendessen im Freien tragen.

Ce pavillon est l'agrandissement d'une maison du XVIIIe siècle. Construit en aluminium et en verre, il est aligné avec des colonnes supportant un vélum en toile pour les dîners en plein air.

Deze zijvleugel is een verlengstuk van een 18e-eeuwse woning. Hij is opgetrokken uit aluminium en glas en is op één lijn gezet naast enkele zuilen die een zonnescherm steunen, bedoeld voor diners in open lucht.

Architecture Project (AP)
www.ap.com.mt
© David Pisani, Metropolis, Alberto Favaro Architecture Project, Aude Franjou, Architecture Project

Aluminum, glass, lacquer / Aluminium, verre, laque / Aluminium, Glas, Lack / Aluminium, glas, lakafwerking

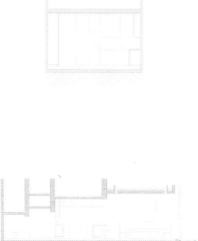

Sections

Folded screen elevation

701 Rome Drive Kitchen

Los Angeles, California, USA

Before the renovation, this house, dating from 1953, had a very basic kitchen. The old cabinets and countertops were replaced with modern finishes and cutting edge equipment.

Vor dem Umbau besaß dieses Haus aus dem Jahr 1953 eine zu einfache Küche. Die alten Schränke und Arbeitsplatten wurden durch aktuellere Ausführungen und hochmoderne Ausstattungen ersetzt.

Avant le réaménagement, cette maison, construite en 1953, disposait d'une cuisine trop basique. Les anciens placards et plans de travail ont été remplacés par des finitions plus actuelles et un électroménager de dernière génération.

Vóór de renovatie was de keuken van deze in 1953 gebouwde woning te sober. De oude kasten en werkbladen zijn vervangen door eigentijdse afwerkingen en een uiterst moderne uitrusting.

 Oonagh Ryan
oonagh.r@gmail.com
© Scott Mayoral, Oonagh Ryan, Stuart Gow

 Stainless steel, plywood, plastic / Acier inoxydable, contreplaqué de bois, plastique / Edelstahl, Holzfurnier, Kunststoff / Roestvrij staal, gelaagd hout, kunststof

Before plan

After plan

Amalfi Residence

Pacific Palisades, California, USA

The client involving this house, which was built 41 years ago, was very clear about the brief for the renovation: the gloomy kitchen had to be transformed into a harmonious space for family activity.

Der Besitzer dieses vor 41 Jahren erbauten Hauses war mit seinen Richtlinien für den Umbau sehr deutlich: die dunkle Küche sollte zu einem harmonischen Bereich werden, wo das Familienleben stattfinden sollte.

Le client de cette maison, construite il y a 41 ans, a été très clair sur les directives du réaménagement : la cuisine sombre devrait se transformer en un espace harmonieux où réaliser l'activité familiale.

De klant van deze woning, die 41 jaar geleden gebouwd is, had duidelijke richtlijnen voor de verbouwing voor ogen: de donkere keuken moest veranderen in een harmonieuze ruimte, waar het gezinsleven zou kunnen plaatsvinden.

Eric Rosen Architects
www.ericrosen.com
© Erich Koyama

Wood / Bois / Holz / Hout

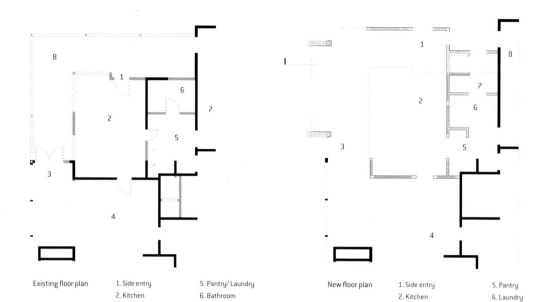

Existing floor plan

1. Side entry
2. Kitchen
3. Back entry
4. Dining room

5. Pantry/ Laundry
6. Bathroom
7. Garage
8. Covered patio

New floor plan

1. Side entry
2. Kitchen
3. Back entry
4. Existing dining room

5. Pantry
6. Laundry
7. Bathroom
8. Exisiting garage

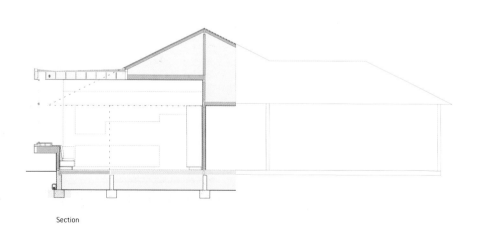

Section

Polveroni Apartment

London, UK

One of the main tasks in this renovation was to build a wall to conceal the kitchen, which was tucked away in an unusual, irregular corner.

Eine der Hauptarbeiten bei dieser Renovierung bestand im Bau einer großen Wand, hinter der sich die Küche versteckt. Sie liegt an einer ungewöhnlichen Ecke mit unregelmäßigen Formen.

L'un des principaux travaux de ce réaménagement a été la construction d'un grand mur dissimulant la cuisine, située dans un coin inhabituel et de forme irrégulière.

Een van de belangrijkste werkzaamheden van deze verbouwing was het optrekken van een grote tussenmuur, waarachter de keuken schuilgaat, gelegen in een ongebruikelijke hoek en met een onregelmatige vorm.

 Ricardo Polveroni
© Carlos Domínguez

 Wood / Bois / Holz / Hout

Cooper Square

New York, USA

During the conversion of this L-shaped industrial loft, the ceiling height was maintained to enhance spatial fluidity. The kitchen occupies one horizontal end and has a separate island that serves as an office.

Beim Umbau dieses Industrielofts in L-Form blieb die Deckenhöhe erhalten, um den fließenden räumlichen Übergang zu fördern. Die Küche belegt ein horizontales Ende mit einer unabhängigen Insel, die als Anrichte dient.

Pendant le réaménagement de ce loft industriel en forme de L, la hauteur des plafonds a été conservée afin de favoriser la fluidité de l'espace. La cuisine occupe une extrémité horizontale, avec un îlot indépendant qui sert d'*office*.

Tijdens de verbouwing van deze industriële L-vormige loft, is de hoogte van de plafonds behouden gebleven, zodat het geheel ruimtelijk blijft. De keuken neemt een horizontaal gedeelte in beslag en beschikt over een onafhankelijk eiland, dat dienst doet als *eethoek*.

 Desai / Chia Architecture
www.desaichia.com
© Paul Warchol

 Corian, glass, lacquer / Corian, verre, laque / Corian, Glas, Lack / Corian, glas, lakafwerking

Ground floor plan

Sections

House in Delft

The architects were able to capitalize on the flexibility of the limited space in this former dental clinic. The kitchen was located at one end, and features an industrial flue over a central island.

Den Architekten ist es gelungen, die Flexibilität des engen Raums dieser ehemaligen Zahnklinik zu nutzen. Die Küche liegt an einem Ende und sticht besonders durch die industrielle Dunstabzugshaube über der Zentralinsel hervor.

Les architectes ont su tirer parti de la souplesse de l'espace réduit de cette ancienne clinique dentaire. La cuisine se trouve à une extrémité, où se détache une ventilation industrielle sur l'îlot central.

De architecten zijn erin geslaagd om de flexibiliteit van de geringe ruimte van deze voormalige tandheelkundige kliniek te benutten. De keuken bevindt zich aan een kant, waar vooral de industriële afzuigkap boven het kookeiland opvalt.

 Christian Müller Architects
www.christian-muller.com
© Ralph Kämena, Marieta Reijerkerk

 Stainless steel, lacquer / Acier inoxydable, laque / Edelstahl, Lack / Roestvrij staal, lakafwerking

Laboratorium for Living

Utrecht, The Netherlands

This kitchen is located in the former garage; it is characterized by the horizontal lines of the cooktop and the top shelf. Some original features were maintained, such as wood in the ceiling and the treads of the adjoining staircase.

Die Küche dieser ehemaligen Werkstatt zeichnet sich durch die horizontale Ebene ihrer Arbeitsfläche und des oberen Regals aus. Einige Originalelemente wie das Deckenholz und das Holz der Stufen der anliegenden Treppe blieben erhalten.

La cuisine de cet ancien garage se caractérise par le plan horizontal du plan de travail et de l'étagère supérieure. Certains éléments d'origine ont été conservés, comme le bois du plafond et des marches de l'escalier attenant.

De keuken van deze voormalige garage wordt gekenmerkt door het horizontale vlak van het aanrecht en van de bovenkastjes. Enkele van de originele elementen, zoals het houten plafond en de naastgelegen houten trap zijn bewaard gebleven.

 Zecc Architects
www.zecc.nl
© Cornbreadworks, Zecc Architects

 Wood, lacquer / Bois, laque / Holz, Lack / Hout, lakafwerking

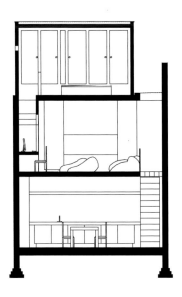

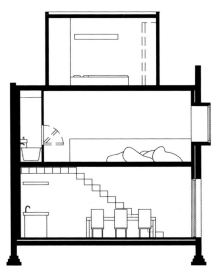

Sections

Sheperdess Walk

London, UK

To enhance the open layout of the central space, formed by the dining room and kitchen, white finishes were chosen to emphasize the interior lighting.

Um den offenen Grundriss des zentralen Raums aus Esszimmer und Küche zu begünstigen, entschied man sich für weiße Ausführungen, welche die Innenbeleuchtung betonen.

Afin de favoriser l'ouverture de l'espace central, formé par la salle à manger et la cuisine, des finitions blanches accentuant la luminosité intérieure ont été choisies.

Om het open vlak van het middenvertrek, dat bestaat uit de eetkamer en de keuken, gunstig doen uit te komen, is gekozen voor een witte afwerking, waardoor de binnenverlichting benadrukt wordt.

 C 2WG, Finch Forman
www.finchforman.com
© Spaceworks

 Lacquer, stainless steel / Laque, acier inoxydable / Lack, Edelstahl / Lakafwerking, roestvrij staal

Brixton

This kitchen is part of an old 1930s converted factory. Its location, under skylights, provides daylighting, and its U-shaped layout optimizes the space available in the corner.

Diese Küche gehört zu einer ehemaligen Fabrik aus dem Jahre 1930, die umgebaut wurde. Ihre Anordnung unter den Dachluken garantiert Tageslicht und ihre Aufteilung in U-Form nutzt den in der Ecke verfügbaren Raum bestens aus.

Cette cuisine fait partie d'une ancienne usine transformée de 1930. De par son emplacement, sous les vasistas, elle bénéficie d'un éclairage par la lumière du jour. Sa disposition en forme de U tire le meilleur parti possible de l'espace disponible dans le coin.

Deze keuken maakt deel uit van een oude verbouwde fabriek uit 1930. Dankzij de ligging onder de dakramen is daglicht gegarandeerd en dankzij de indeling in U-vorm wordt de beschikbare ruimte in de hoek maximaal benut.

 Phil Rogers
© Spaceworks

 Lacquer / Laque / Lack / Lakafwerking

Spatial Appropriation

Vienna, Austria

The kitchen, located in a former factory since converted into a loft, lacked natural light. To address this deficiency, spot lighting was fitted under cabinets and in the ceiling.

Die Küche dieser ehemaligen, in ein Loft umgewandelten Fabrik verfügte über keinerlei Tageslicht, weshalb man sich für lokale Beleuchtung unter den Schränken und an der Decke entschied.

La cuisine de cette ancienne usine transformée en loft manquait de lumière du jour. C'est la raison pour laquelle un éclairage local sous les placards et dans le plafond a été choisi.

De keuken van deze oude, tot loft omgebouwde fabriek, had geen daglicht, waardoor is gekozen voor plaatselijke verlichting onder de kasten en in het plafond.

 Holodeck Architects
www.holodeck.at
© Ike Branco

 Wood / Bois / Holz / Hout

Madison Square

New York, USA

The kitchen in this former factory was designed to be the family hub of the dwelling. Translucent doors hide the pantry. The materials and finishes completely integrate the kitchen with the other areas.

Die Küche in dieser ehemaligen Fabrik wurde als Hauptraum für das Familienleben entworfen. Durchscheinende Türen verstecken den Abstellraum. Die Integration hinsichtlich Materialien und Ausführungen stimmt absolut mit den restlichen Bereichen überein.

La cuisine de cette ancienne usine a été conçue comme le centre familial. Des portes translucides dissimulent le garde-manger. L'intégration en termes de matériaux et finitions est parfaite avec les zones restantes.

De keuken van deze voormalige fabriek is zo ontworpen, dat zij het middelpunt van het gezinsleven vormt. Achter de doorschijnende deuren bevindt zich de voorraadkast. De integratie wat betreft materialen en afwerkingen is in overeenstemming met de overige vertrekken.

Desai/Chia Architecture
www.desaichia.com
© Paul Warchol

Laminated wood, stainless steel, opaque frosted glass / Lamelles de bois, acier inoxydable, verre granité / Holzfurnier, Edelstahl, satiniertes Glas / Laminaathout, roestvrij staal, satijnglas

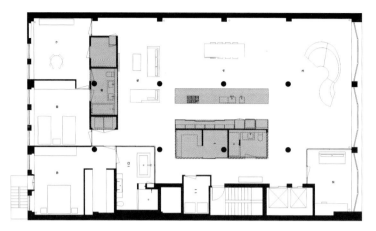

Floor plan

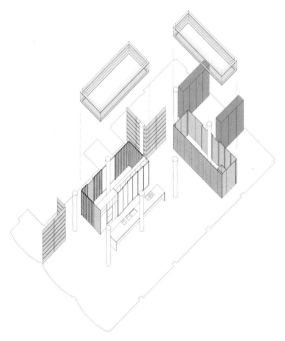

Axonometric view

The Factory

Norwich, UK

Fully integrated into the space, the kitchen in this former factory is defined by its minimalist simplicity. The cabinets are organized under the wooden worktable.

Die Küche dieser ehemaligen Fabrik, die komplett in den Raum integriert ist, zeichnet sich durch ihre minimalistische Nüchternheit aus. Die Schränke sind unter dem Arbeitstisch aus Holz angeordnet.

Totalement intégrée dans l'espace, la cuisine de cette ancienne usine se caractérise par sa simplicité minimaliste. Les placards sont organisés sous le plan de travail en bois.

De keuken van deze voormalige fabriek is volledig geïntegreerd in de ruimte en wordt gekenmerkt door de minimalistische eenvoud. De kasten zijn ondergebracht onder de houten werktafel.

3W London
www.3w.org
© Carlos Domínguez

Wood, lacquer / Bois, laque / Holz, Lack / Hout, lakafwerking

Penthouse Baldestrasse

Munich, Germany

The kitchen in this attic is located under a gable roof, next to the dining room. Due to the limited space, a kitchen with opposing lines was chosen.

Die Küche in diesem Penthouse liegt unter dem Satteldach, neben dem Esszimmer. Aufgrund der begrenzten Platzverhältnisse entschied man sich für gegenüberliegende Küchenzeilen.

La cuisine de ce penthouse est située sous le toit à deux pentes, près de la salle à manger. Du fait du peu d'espace disponible, il s'agit d'une cuisine en face à face.

De keuken van deze penthouse ligt onder het schuine dak, naast de eethoek. Vanwege de geringe ruimte is gekozen voor een keuken met tegenover elkaar liggende lijnen.

Arnold / Werner
www.arnoldwerner.com
© Christine Dempf

Wood, lacquer / Bois, laque / Holz, Lack / Hout, lakafwerking

Two Apartments in Chelsea

London, UK

During the renovation, separate yet open spaces were chosen. The kitchen extends along a single horizontal line, while built-in cabinets at the entrance are used to store utensils.

Während des Umbaus entschied man sich für unabhängige, aber offene Bereiche. Die Küche erstreckt sich auf einer einzigen waagerechten Ebene, während die Einbauschränke am Eingang zur Aufbewahrung von Utensilien dienen.

Lors du réaménagement, ce sont des espaces indépendants mais ouverts qui ont été choisis. La cuisine s'étend sur un seul plan horizontal, tandis que les placards encastrés de l'entrée servent pour ranger des ustensiles.

Bij de verbouwing is gekozen voor onafhankelijke, maar open ruimten. De keuken strekt zich uit in een enkel horizontaal vlak, terwijl de inbouwkasten bij de ingang dienen als opbergruimte voor keukengerei.

 Flowspace Architecture
www.flowspace.com
© Peter Guenzel

 Stainless steel, opaque frosted glass / Acier inoxydable, verre granité / Edelstahl, satiniertes Glas / Roestvrij staal, satijnglas

Template House

Beijing, China

This U-shaped kitchen adapts to the elongated, continuous and arched surfaces of the structure. A sequence of black cabinets creates a feeling of unity.

Diese Küche in U-Form passt sich an die langen, durchgehenden und gewölbten Flächen der Struktur an. Die Serie schwarzer Schränke erweckt den Eindruck der Einheit.

Cette cuisine en forme de U s'adapte aux surfaces allongées, continues et arquées de la structure. La suite de placards de couleur noire crée une sensation d'unité.

Deze U-vormige keuken is aangepast aan de lange, doorlopende en boogvormige oppervlakten van de structuur. De reeks zwarte kasten schept eenheid.

 Michele Saee
www.michelesaee.com
© Chensu

 Lacquer / Laque / Lack / Lakafwerking

Penthouse in Amsterdam

Amsterdam, The Netherlands

Boasting views over the city of Amsterdam, the kitchen stands out for its functionality. The oven, the cooking area, the faucet, the refrigerator, and the cabinets are integrated into a single unit.

Diese Küche mit Blick auf Amsterdam hebt sich aufgrund ihrer Funktionalität hervor. Backofen, Kochbereich, Wasserhahn, Kühlschrank und Schränke wurden in die gleiche Einheit integriert.

Cette cuisine donnant sur la ville d'Amsterdam se remarque de par sa fonctionnalité. Le four, la zone de cuisson, le robinet, le réfrigérateur et les placards sont intégrés dans une même unité.

Deze keuken, met uitzicht over de stad Amsterdam, valt op vanwege de functionaliteit. Oven, kookzone, kraan, koelkast en kasten zijn geïntegreerd in dezelfde eenheid.

 Hofman Dujardin Architecten
www.hofmandujardin.nl
© Matthijs van Roon

 Corian, lacquer / Corian, laque / Corian, Lack / Corian, lakafwerking

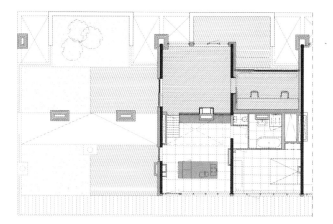

Existing floor plan

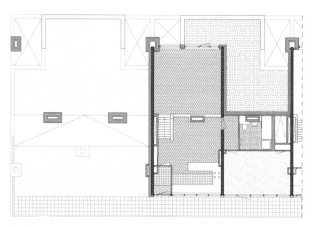

Floor plan

Calle de las Minas

Madrid, Spain

This dwelling is based on the principles of Feng Shui, which have been used to define its color, materials and textures. The concrete central island gives it an industrial air.

Diese Wohnung basiert auf den Grundsätzen des Feng Shui, nach denen Farbe, Materialien und Texturen bestimmt wurden. Die Zentralinsel aus Beton sorgt für einen Industrie-Touch.

Cette maison est basée sur les principes du Feng Shui, qui ont déterminé la couleur, les matériaux et les textures. L'îlot central en béton donne un air industriel.

Deze woning is gebaseerd op de Feng Shui-principes, die bepalend zijn geweest voor de kleur, materialen en texturen. Het betonnen eiland in het midden geeft een industrieel tintje aan de keuken.

 Alejandra Calabrese
www.unlugar.es
© Luis Hevia

 Concrete, Corian, lacquer / Béton, Corian, laque / Beton, Corian, Lack / Beton, Corian, lakafwerking

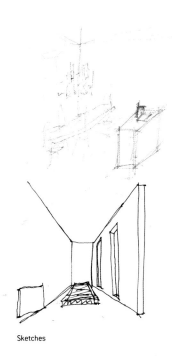

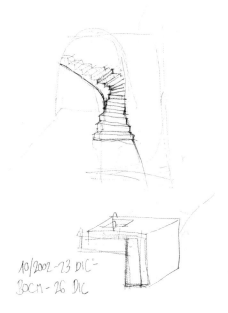

10/2002-23 DIC-
30CM - 26 DIC

Sketches

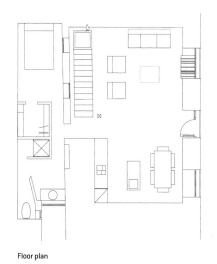

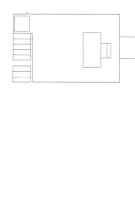

Floor plan

Suppenküche

Hamburg, Germany

Located in a building that dates back to 1930, this dwelling has an L-shaped kitchen that is completely open, yet hidden behind the original timber pillars.

Diese Wohnung, die in einem Gebäude aus dem Jahr 1930 liegt, besitzt eine Küche in L-Form. Sie ist vollständig zum Raum hin geöffnet und liegt hinter den originellen Holzsäulen getarnt.

Située dans un bâtiment construit en 1930, cette maison dispose d'une cuisine en forme de L entièrement ouverte sur l'espace et dissimulée derrière les colonnes d'origine en bois.

Deze woning, die gelegen is in een gebouw uit 1930, beschikt over een L-vormige, volledig open keuken die is weggewerkt achter de originele houten pilaren.

Swartz Design Associates
www.swartzdesign.com
© Swartz Design

Lacquer, stainless steel / Laque, acier inoxydable / Lack, Edelstahl / Lakafwerking, roestvrij staal

Tower House

Bee, Italy

This 19th century tower dwelling comprises three floors. The kitchen is on the ground floor next to the dining room, tucked in one end of the small 188 ft² floor space.

Dieser Wohnungsturm aus dem 19. Jahrhundert umfasst drei Stockwerke. Die Küche liegt im Erdgeschoss neben dem Esszimmer, an einem Ende der nur 17,5 m² kleinen Etage.

Cette maison tour, qui remonte au XIXᵉ, se compose de trois étages. La cuisine se trouve au rez-de-chaussée, près de la salle à manger, et est ancrée dans un coin de cette superficie réduite de 17,5 m².

Deze woning-toren, daterend uit de 19e eeuw, is opgetrokken uit drie verdiepingen. De keuken bevindt zich op de benedenverdieping naast de eethoek en is verankerd aan één kant van de kleine oppervlakte van 17,5 m².

 Piero Camoletto & Luca Rolla
lucarolla@katamail.com
© Andrea Martiradonna

 Silver ash, stainless steel, "Beola Bianca" granite (flooring) / Bois de bouleau argenté, acier inoxydable, pierre « beola Bianca » (revêtements) / Metallic-Birkenholz, Edelstahl, „Beola Bianca"-Stein (Böden) / Zilverkleurig berkenhout, roestvrij staal, "Beola Bianca"-steen (vloeren)

Residence 1414 Renovation

Austin, Texas, USA

This 1940s dwelling is located in the heart of Austin. Its interiors were completely modernized with an open-plan kitchen featuring stainless steel appliances and lacquered storage areas.

Dieses Haus aus den 40er Jahren liegt in der Altstadt von Austin. Der Innenbereich wurde komplett mit einer offenen Küche aus Edelstahleinrichtungen und lackierten Aufbewahrungsbereichen modernisiert.

Cette maison des années 40 se trouve dans le centre historique d'Austin. L'intérieur a été entièrement modernisé avec une cuisine ouverte se composant d'électroménager en acier inoxydable et de zones de rangement laquées.

Deze jaren '40-woning ligt in de oude binnenstad van Austin. Het huis is van binnen helemaal verbouwd en heeft een open keuken met roestvrij stalen outillage en gelakte opbergruimte.

 Miro Rivera Architects
www.mirorivera.com
© Paul Finkel

 Lacquer, stainless steel, wood / Laque, acier inoxydable, bois / Lack, Edelstahl und Holz / Lakafwerking, roestvrij staal, hout

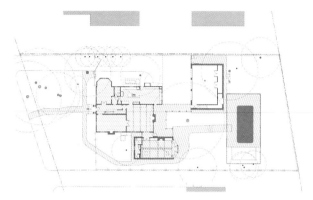

Existing first Floor plan

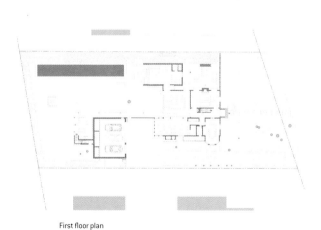

First floor plan

Open Box 2

San Francisco, California, USA

Located in the lot adjoining the Open Box House, this kitchen with a wood island contains a section with a metallic finish. The floors are oak.

Dieses Projekt, das neben dem Open Box House auf dem anliegenden Grundstück liegt, umfasst eine Küche mit einer Holzinsel und einem Bereich mit Metallausführung. Die Böden sind aus Eichenholz.

Ce projet, attenant à la maison Open Box House située dans la parcelle contigüe, dispose d'une cuisine constituée d'un îlot en bois avec une partie dotée d'une finition métallique. Les revêtements sont en chêne.

Dit project, gelegen naast het Open Box House op het aangrenzende perceel, heeft een keuken met een houten kookeiland waarvan een gedeelte met metaal is afgewerkt. De vloeren zijn van eikenhout.

 Feldman Architecture
www.feldmanarchitecture.com
© Paul Dyer

 Wood, stainless steel / Bois, acier inoxydable / Holz, Edelstahl / Hout, roestvrij staal

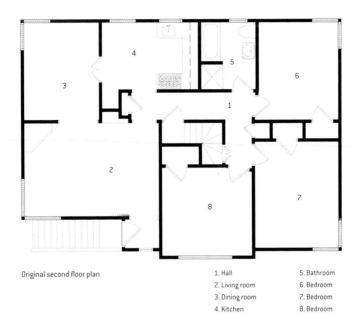

Original second floor plan

1. Hall
2. Living room
3. Dining room
4. Kitchen
5. Bathroom
6. Bedroom
7. Bedroom
8. Bedroom

Proposed second floor plan

1. Dining room
2. Living room
3. Kitchen
4. Master bathroom
5. Bathroom
6. Master bedroom
7. Closet
8. Bedroom
9. Closet

Plantage Kerklaan

Amsterdam, The Netherlands

This L-shaped kitchen has made way for a kitchen island with a Corian countertop and oak plywood cabinet in the rear; it is separated from the living room by drywall dividing panels.

Die Küche in L-Form wurde in eine Inselküche mit Corian-Oberfläche und Eichenfurnierschränken auf der Rückseite verwandelt. Sie ist vom Wohnzimmer durch Gipsplatten abgetrennt.

La cuisine en L a fait place à une cuisine îlot avec une surface en Corian et un placard en contreplaqué de chêne dans la partie arrière, séparée de la salle de séjour par des panneaux de séparation en placoplâtre.

De L-vormige keuken is aanleiding geweest om een kookeiland te plaatsen, met een Corian werkoppervlak en een gelaagde eikenhouten kast aan de achterzijde. De keuken is van de zitkamer afgesloten door middel van gipsplaten scheidingspanelen.

 Hofman Dujardin Architecten
www.hofmandujardin.nl
© Matthijs van Roon

 Corian, laminated oak / Corian, lamelles de chêne / Corian, Eichenholzfurnier / Corian, eikenhouten laminaat

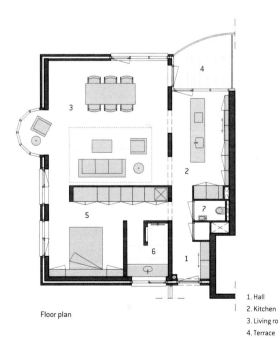

Floor plan

1. Hall
2. Kitchen
3. Living room
4. Terrace

5. Bedroom
6. Bathroom
7. Bathroom

Apartment in Chet Bakerstraat

Amsterdam, The Netherlands

The remodeling integrated this kitchen island into the living room. The design scheme features white Corian and warm plywood.

Nach dem Umbau ist diese Inselküche nun im Wohnzimmer integriert. Man hat sich für weißes Corian und die Wärme des Holzfurniers entschieden.

Après le réaménagement, cette cuisine en îlot est désormais intégrée à la salle de séjour. On a opté pour le Corian blanc ainsi que la chaleur du contreplaqué de bois.

Deze eilandkeuken is na de verbouwing geïntegreerd in de zitkamer zelf. Er is gekozen voor wit Corian en de warmte van gelaagd hout.

 Hofman Dujardin Architecten
www.chofmandujardin.nl
© Matthijs van Roon

 Corian, laminated wood / Corian, lamelles de bois / Corian, Holzfurnier / Corian, eikenhouten laminaat

Apartment in Wilhelminastraat

Amsterdam, The Netherlands

A kitchen was chosen that serves as a division between the living and dining rooms. Its white and red Corian contrasts with the warmth of the wood flooring.

Hier entschied man sich für eine Küche, die als Trennung zwischen Wohn- und Esszimmer dienen soll. Das weiße und rote Corian bildet einen Kontrast zu den Holzfußböden.

Il a été décidé que la cuisine servirait de séparation entre la salle de séjour et la salle à manger. Le Corian blanc et rouge utilisé pour les matériaux contraste avec les revêtements chaleureux en bois.

Er is gekozen voor een keuken, waardoor de zitkamer en de eethoek van elkaar gescheiden worden. De afwerking in wit en rood Corian vormt een contrast met de warme houten vloeren.

 Hofman Dujardin Architecten
www.hofmandujardin.nl
© Matthijs van Roon

 Corian / Corian / Corian / Corian

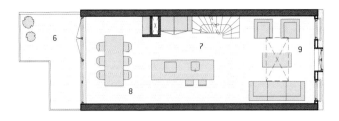

Floor plan

1. Hall
2. Bedroom
3. Study
4. Bathroom
5. Bathroom
6. Terrace
7. Kitchen
8. Dining room
9. Living room

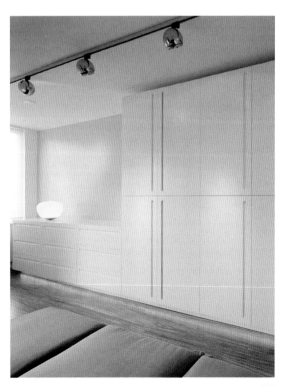

Chelsea Loft

New York City, New York USA

The original kitchen was hemmed in, and out of proportion with the rest of this loft. The new one has enhanced presence and is integrated into the new spatial distribution.

Die ursprüngliche Küche lag abgelegen und stand nicht im Verhältnis zum Rest dieses Lofts. Die neue Küche hat an Präsenz gewonnen und integriert sich in die neue Raumaufteilung.

La cuisine d'origine se trouvait dans un coin et ses dimensions n'étaient pas adaptées au reste du loft. La nouvelle cuisine gagne en présence et s'intègre à la nouvelle disposition spatiale.

De originele keuken bevond zich in een hoek en was te klein in verhouding tot de overige ruimten van deze loft. De nieuwe keuken is duidelijker aanwezig en is geïntegreerd in een nieuwe ruimtelijke indeling.

 Chelsea Atelier architect, PC
www.chelseaatelier.com
© Rick Lew Photography

 Calacatta marble, stainless steel /
Marbre de Calacatta, acier inoxydable /
Calacatta-Marmor, Edelstahl /
Calacatta-marmer, roestvrij staal

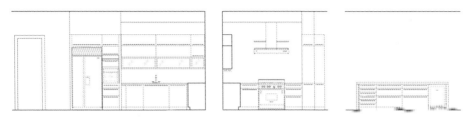

Elevations after renovation

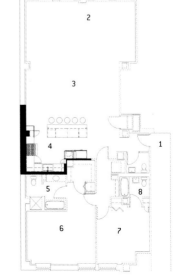

1. Hallway
2. Living room
3. Dining room
4. Kitchen
5. Master bathroom
6. Master bedroom
7. Bedroom
8. Bathroom

Plan before renovation

Plan after renovation

Lew Loft

New York City, New York, USA

The original kitchen was moved to the living room to free up space for a study. The new work island is covered with Calacatta marble.

Die ursprüngliche Küche wurde ins Wohnzimmer verlegt, um einen Raum als Studio zu gewinnen. Die neue Arbeitsfläche der Insel ist mit Calacatta-Marmor verkleidet.

La cuisine d'origine a été déplacée dans la salle à manger, afin de disposer d'une pièce supplémentaire comme bureau. Le nouveau plan de travail en îlot est recouvert de marbre de Calacatta.

De originele keuken is overgeplaatst naar de zitkamer, zodat er een studeerkamer vrijkwam. Het nieuwe werkoppervlak in eilandvorm is bedekt met marmer uit Calacatta.

 Chelsea Atelier architect, PC
www.chelseaatelier.com
© Rick Lew Photography

 Calacatta marble, stainless steel /
Marbre de Calacatta, acier inoxydable /
Calacatta-Marmor, Edelstahl /
Calacatta-marmer, roestvrij staal

Elevations after renovation

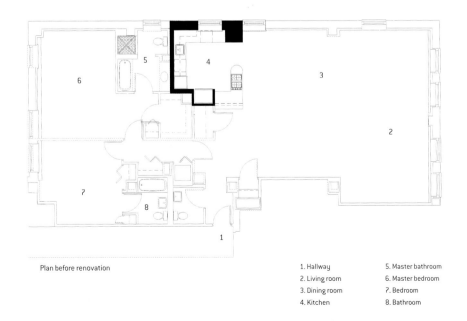

Plan before renovation

1. Hallway
2. Living room
3. Dining room
4. Kitchen

5. Master bathroom
6. Master bedroom
7. Bedroom
8. Bathroom

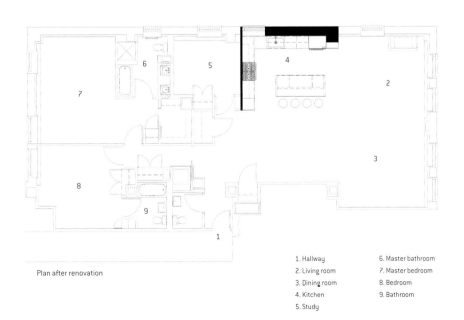

Plan after renovation

1. Hallway
2. Living room
3. Dining room
4. Kitchen
5. Study
6. Master bathroom
7. Master bedroom
8. Bedroom
9. Bathroom

DESIGN TIPS

XXS

MEDIUM

OPEN & VIEW

EAT-IN

XXL

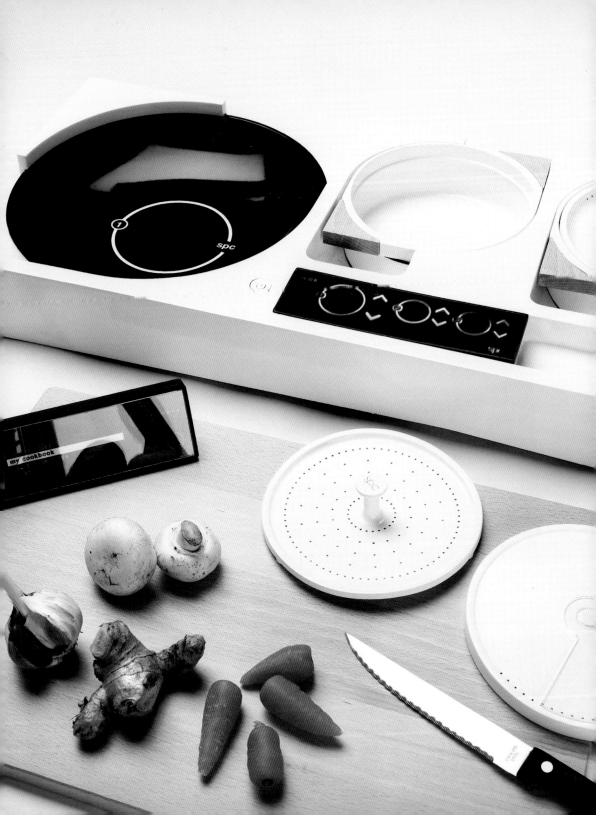

XXS

The small size of modern houses has led to compact kitchens, which combine clever designs with maximum functionality. Compact ovens, halogen cooktops that fit in any work surface, built-in fridges, and sliding doors to conceal the kitchen. Everything must be readily at hand.

Du fait de la superficie réduite des maisons actuelles, les cuisines compactes combinent la conception intelligente et une fonctionnalité optimale. Des fours compacts, des plaques de cuisson en vitrocéramique qui s'ajustent au plan de travail, des réfrigérateurs encastrés ou des portes coulissantes pour dissimuler la cuisine. Tout ce qui est indispensable doit être à portée de la main en un seul geste.

Die geringe Quadratmeterzahl der heutigen Wohnungen hat dazu geführt, dass die Kompaktküchen intelligentes Design mit höchster Funktionalität verbinden. Man nutzt Kompaktöfen, an Arbeitsplatten angepasste Glaskeramikkochfelder, Einbaukühlschränke oder Schiebetüren, um die Küche zu verstecken. Alles unbedingt Notwendige muss griffbereit liegen.

Vanwege het geringe oppervlak van de actuele woning, gaat in compacte keukens intelligent design samen met maximale functionaliteit. Compacte ovens, glaskeramiek die aan het werkoppervlak is aangepast, inbouwkoelkasten of schuifdeuren om de keuken weg te werken. Alle onmisbare zaken moeten binnen handbereik liggen.

This three-dimensional unit makes it equally possible to have a laminate formation and access from all sides.

Diese dreidimensionale Einheit bietet laminare Förmlichkeit und gleichzeitig Zugang zu allen Seiten.

Cette unité tridimensionnelle offre à la fois une configuration laminaire et un accès de tous les côtés.

Deze driedimensionale eenheid maakt laminaire vormelijkheid alsmede toegang aan alle zijden mogelijk.

This kitchen takes on a three-dimensional nature when the table, chairs and light are pulled out.

Cette cuisine acquiert un caractère tridimensionnel lorsque l'on étire la table, les chaises et la lampe vers l'extérieur.

Diese Küche nimmt einen dreidimensionalen Charakter an, wenn Tisch, Stühle und Lampe ausgezogen werden.

Deze keuken krijgt een driedimensionaal karakter door de tafel, de stoelen en de lamp naar buiten te trekken.

An individual microkitchen with cooking utensils, wok and cutting bench.

Une micro-cuisine individuelle avec des ustensiles pour cuisiner, un wok et un plan de travail.

Eine Einpersonen-Mikroküche mit Kochutensilien, Wok und Schneidetisch.

Een eenpersoonsminikeuken met keukengerei, een wok en snijtafel.

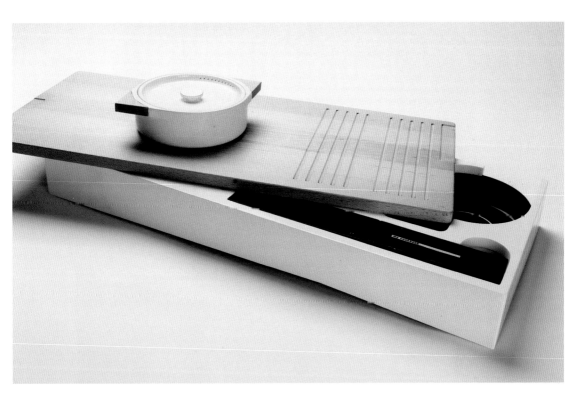

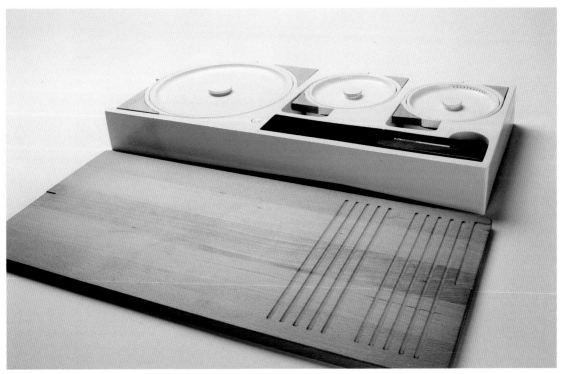

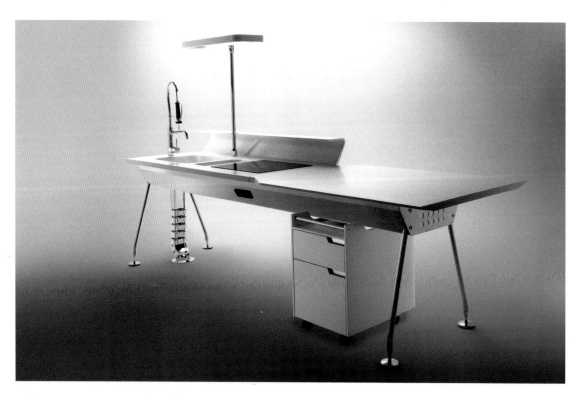

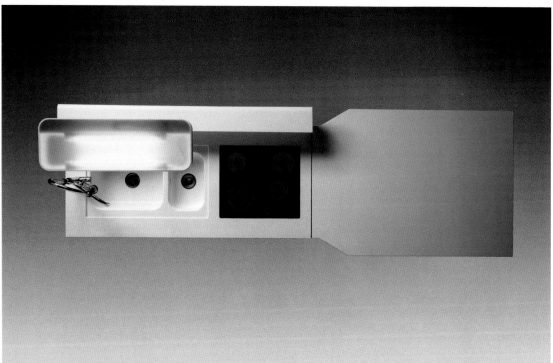

The circular design of the Waterstation model revolves 360°, and comes complete with accessories and sink unit.

Das kreisförmig gestaltete Modell Waterstation dreht sich mit Zubehör und eingebautem Spülbecken um 360°.

Le design circulaire du modèle Waterstation tourne à 360°. Il dispose aussi d'accessoires et d'un grand évier incorporé.

Het cirkelvormige ontwerp van het Waterstation draait 360° rond, met ingebouwde accessoires en spoelbak.

The cooker has a lid with a plant tray, burners and sink unit.

Diese Küche hat eine Abdeckplatte mit Pflanzenüberzug, Herd und Spülbecken.

Cette cuisine est recouverte d'une couverture végétale, d'un gaz et d'un évier.

Deze keuken heeft een afdekking met een plantaardige bekleding, fornuis en gootsteen.

476

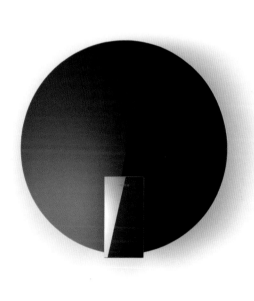

De temps en temps, les casiers à bouteilles laissent place aux placards pour modérer la température des bouteilles.

Gelegentlich werden Flaschenständer durch Weinklimaschränke ersetzt.

Soms maken flessenrekken plaats voor flessenkasten.

MEDIUM

Kitchens of a medium or standard
size are most usual. The distribution
of utensils, cabinets and equipment
will depend on the configuration of the
space and owners' individual needs.
Manufacturers offer an infinite variety
of colors and finishes for work surfaces
and storage space.

Les cuisines de taille moyenne ou
standard sont les plus courantes. La
disposition des ustensiles, des placards et de l'électroménager dépendra
de la configuration de l'espace et des
besoins de chacun. Les fabricants pro-
posent une palette infinie de couleurs
et de finitions pour les plans de travail
et de rangement.

Küchen mit mittlerer oder Standard-
größe sind normalerweise die häufigsten. Die Art der Aufteilung der Geräte,
Schränke und Ausstattung hängt von
der Raumgestaltung und den jeweiligen
Bedürfnissen ab. Die Hersteller bieten
eine unendliche Vielfalt an Farben und
Ausführungen für Arbeitsflächen und
Aufbewahrungslösungen an.

Middelgrote of keukens in standaard-
formaat komen het vaakst voor. De
manier waarop keukengerei, kasten en
outillage zijn ingedeeld, is afhankelijk
van de vorm van het vertrek en van
persoonlijke voorkeuren. Fabrikanten
bieden een ruime keur aan kleuren en
afwerkingen voor de werkoppervlakken
en opbergruimten.

The flexible, versatile space in this kitchen is enhanced by its red and white color scheme.

Rot und Weiß betonen das flexible und vielseitige Volumen dieser Küche.

Le rouge et le blanc mettent en valeur le volume flexible et versatile de cette cuisine.

De rode en witte kleur van deze keuken doen de flexibele en veelzijdige ruimte uitkomen.

The auxiliary unit consists of a folding module with a step and worktop kit.

Die Nebeneinheit besteht aus einem Klappmodul mit einer Baugruppe aus Treppe und Arbeitsfläche.

L'unité auxiliaire compte un module pliant avec un escabeau et une surface de travail.

De hulpeenheid bestaat uit een vouwmodule met een set trappen en werkoppervlak.

The black enamel finish in the kitchen contrasts with the quality of the other surfaces, which are all wooden.

L'utilisation de vernis noir dans la cuisine contraste avec la chaleur des autres surfaces, en bois.

Die schwarze Lackierung in der Küche steht im Gegensatz zur Wärme der restlichen Holzflächen.

Het gebruik van zwarte lak in de keuken contrasteert met de warmte van de houten oppervlakken.

This kitchen, which is located in the hills of Bel Air (Los Angeles), is the result of an extension to the original 1960s building.

Diese Küche in der hügeligen Landschaft von Bel Air (Los Angeles) ist bei der Erweiterung des ursprünglichen Gebäudes aus den sechziger Jahren entstanden.

Cette cuisine, située sur les collines de Bel Air (Los Angeles), résulte de l'agrandissement du bâtiment d'origine qui date des années 60.

Deze keuken, gelegen op de heuvels van Bel Air (Los Angeles), is het resultaat van een uitbreiding van het oorspronkelijke gebouw uit de jaren zestig.

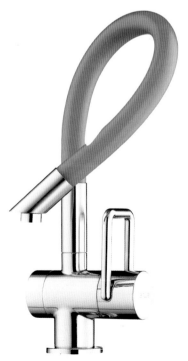

The Twinflex faucets by Arwa have a chrome finish and come in four colors: orange, gray, blue and black.

Les robinets Twinflex d'Arwa présentent des finitions en chrome et sont disponibles en quatre couleurs : orange, gris, bleu et noir.

Die Twinflex-Wasserhähne von Arwa sind in Chrom und vier Farben ausgeführt: orange, grau, blau und schwarz.

De Twinflex kranen van Arwa zijn afgewerkt in chroom en vier kleuren: oranje, grijs, blauw en zwart.

 The modular sections enhance the kitchen with a rich array of colored nuances.

Les sections modulaires enrichissent la cuisine de leurs nuances chromatiques.

Baukastenförmige Abteilungen bereichern die Küche durch Farbnuancen.

Modulaire delen verrijken de keuken met kleurschakeringen.

515

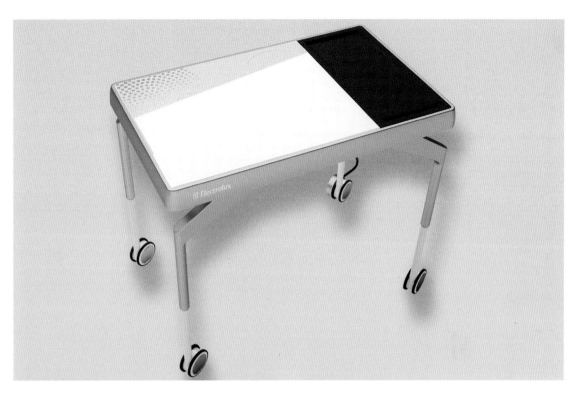

OPEN & VIEW

Natural light and ventilation are essential in kitchens. Adding a window will facilitate the rapid extraction of smoke and odors. Moreover, daylight is ideal for preparing food; it is therefore preferable not to block natural sources of light with furnishings or other objects.

La lumière du jour et la ventilation sont fondamentales dans une cuisine. L'installation d'une fenêtre externe facilitera l'extraction rapide des fumées et des odeurs. De plus, la lumière du jour est idéale pour préparer la cuisine. C'est la raison pour laquelle il est préférable de ne pas obstruer les sources naturelles de lumière du jour avec des meubles et d'autres objets.

Tageslicht und Belüftung sind grundlegend in der Küche. Der Einbau eines Außenfensters erleichtert den schnellen Rauch- und Geruchsabzug. Außerdem ist Tageslicht bei der Essenszubereitung ideal, so dass natürliche Lichtquellen nicht mit Möbeln oder anderen Gegenständen versperrt werden sollten.

Daglicht en ventilatie zijn onontbeerlijk in de keuken. De plaatsing van een raam naar buiten zorgt ervoor dat rook en geuren snel kunnen worden afgevoerd. Bovendien is daglicht ideaal voor het bereiden van voedsel. Daarom is het beter om de natuurlijke lichtbronnen niet af te sluiten door meubels of andere voorwerpen.

This kitchen, in white Corian, has the appearance of a lookout tower over the Mediterranean.

Cette cuisine en Corian blanc apparaît comme une tour de guet suspendue au-dessus de la Méditerranée.

Diese Küche aus weißem Corian erscheint wie eine über dem Mittelmeer schwebende Warte.

Deze witte Corian-keuken lijkt een hangende uitkijktoren boven de Middellandse Zee.

The criteria for selecting the materials were easy maintenance together with a contemporary design.

Hier waren die Auswahlkriterien für die Werkstoffe Pflegeleichtigkeit und zeitgenössischer Stil.

Pour le choix des matériaux, on a retenu deux critères : un entretien minimum et un style contemporain.

De selectiecriteria voor de materialen waren gebaseerd op minimaal onderhoud en een eigentijdse stijl.

Minimalism and clear lines are the main features of this open-style kitchen.

Le minimalisme et la clarté des formes sont les principales caractéristiques de cette cuisine ouverte.

Minimalismus und klare Formen sind die Hauptmerkmale dieser offenen Küche.

Minimalisme en formele duidelijkheid zijn de voornaamste eigenschappen van deze open keuken.

This kitchen seems to be virtually bare compared to the hustle and bustle of the adjacent street.

Cette cuisine paraît presque nue face au rythme marqué par la rue adjacente.

Diese Küche erscheint gegenüber dem Rhythmus der angrenzenden Straße fast nackt.

Deze keuken lijkt bijna kaal in vergelijking met de drukte op de aangrenzende straat.

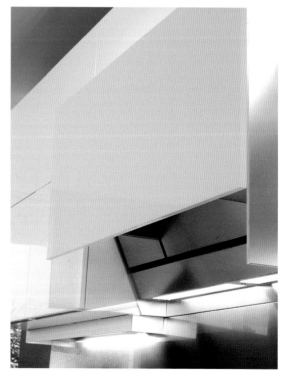

This pull-out extractor hood offers excellent fume extraction.

Diese klappbare Dunstabzugshaube bietet einen ausgezeichneten Dunstabzug.

Cette hotte rabattable permet une excellente extraction de la fumée.

Deze inklapbare afzuigkap zorgt voor een uitstekende rookafvoer.

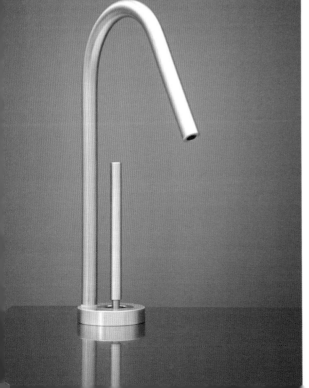

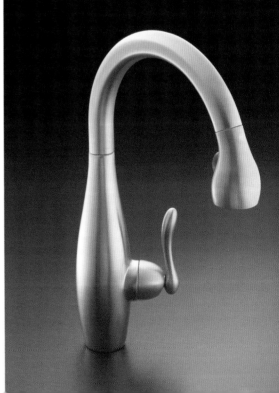

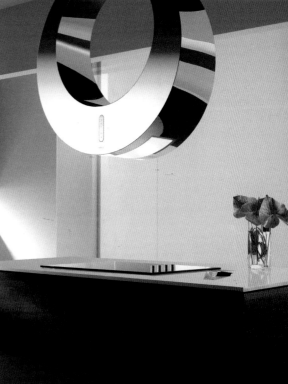

EAT-IN

Is a kitchen table necessary? Perhaps a breakfast bar or a modular work surface could be an option to combine the kitchen and dining room, and hence save space. It may also be an ideal area for children to play and do their homework while you are cooking.

Une table est-elle nécessaire dans la cuisine ? Un comptoir pour le petit déjeuner ou un plan de travail modulable peut être une possibilité pour réunir cuisine et salle à manger et gagner de la place. En outre, cela peut être l'endroit idéal pour que les enfants jouent et fassent leurs devoirs pendant que le repas se prépare.

Muss ein Tisch in die Küche? Vielleicht können eine Frühstückstheke oder eine modulare Arbeitsfläche die Möglichkeit bieten, Küche und Esszimmer zu vereinen und Platz zu sparen. Außerdem kann dies beim Kochen ein idealer Bereich sein, wo Kinder spielen oder Hausaufgaben machen können.

Moet er een tafel in de keuken staan? Een bar om te ontbijten of een modulair werkoppervlak kunnen een mogelijkheid zijn om keuken en eetkamer met elkaar te verbinden en om ruimte te besparen. Het kan bovendien een ideale plaats zijn voor de kinderen om er te spelen of hun huiswerk te maken terwijl er wordt gekookt.

The whole unit, consisting of the cooking area, the island and dining table, is elongated and leads to the living room.

L'ensemble, composé de la zone de cuisson, la petite île et la table de la salle à manger est allongée et conduit vers le salon.

Die längliche Einheit aus Kochbereich, Insel und Esstisch führt ins Wohnzimmer.

Het geheel dat bestaat uit een kookgedeelte, het eilandje en de tafel van de eetkamer, is verlengd en leidt naar de woonkamer.

The kitchen appliances and storage spaces
have been placed along the south- and east-
facing walls.

L'électroménager et les espaces de rangement ont été encastrés dans les murs sud
et est.

Hausgeräte und Aufbewahrungsbereiche
wurden an der Süd- und an der Ostwand
angeordnet.

De huishoudelijke apparatuur en de opbergruimten zijn in de zuidelijke en oostelijke
muur ondergebracht.

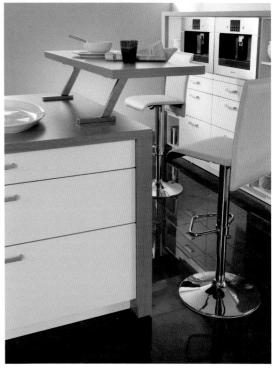

Sometimes designing a new breakfast area requires a bit of creativity.

Parfois, aménager un nouvel espace pour le petit-déjeuner requiert un peu de créativité.

In manchen Fällen erfordert die Schaffung eines neuen Frühstücksraums ein wenig Erfindungsgeist.

Soms vereist de creatie van een nieuwe ontbijtruimte wat vindingrijkheid.

 Three options for the cooking area: marble, enamel and stainless steel.

Trois options pour la zone de cuisson : marbre, vernis et acier inoxydable.

Drei Optionen für den Kochbereich: Marmor, Lack und Edelstahl.

Drie opties voor de kookzone: marmer, lakwerk en roestvrij staal.

Three options for the sink area: marble, enamel and stainless steel.

Trois options pour le coin évier : marbre, vernis et acier inoxydable.

Drei Optionen für den Spülbeckenbereich: Marmor, Lack und Edelstahl.

Drie opties voor de gootsteenzone: marmer, lakwerk en roestvrij staal.

Box with incorporated time switch in
storage areas.

Tiroir avec modérateur de temporisa-
teur intégré aux zones de rangement.

In die Vorratsbereiche eingebaute Schub-
lade mit Temperaturprogrammierung.

Lade met ingebouwde temperatuurti-
mer in de opbergruimten.

XXL

The new era of the deluxe kitchen is here. The kitchen ventures beyond its normal boundaries and gains more square feet to become one of the most appreciated spaces in the house. The new generation includes domotic systems with smart computers, which incorporate an array of functions – that would not be out of place in the kitchen of any top chef.

L'ère nouvelle des cuisines de luxe est arrivée. La cuisine dépasse ses limites habituelles et augmente en volume afin de devenir l'un des lieux les plus exposés de la maison. La nouvelle génération est équipée de systèmes domotiques, avec un électroménager intelligent doté de fonctions dignes de la cuisine d'un grand chef.

Das neue Zeitalter der Luxusküchen ist da. Die Küche überschreitet ihre üblichen Grenzen und wächst in Quadratmetern, um zu einem der meistausgestellten Bereiche des Hauses zu werden. Die neue Generation umfasst Domotik-Systeme mit intelligenten Geräten, zu denen ein Arsenal an Funktionen gehört, die einer Profiküche entsprechen.

Een nieuw tijdperk van luxekeukens is aangebroken. De keuken treedt buiten de gebruikelijke grenzen en krijgt meer oppervlakte toebedeeld, waardoor het één van de meest zichtbare ruimten van de woning wordt. In de nieuwe generatie keukens zijn domoticasystemen geïntegreerd, met intelligente installaties waarin een arsenaal aan functies, eigen aan de keuken van een chef-kok, zijn ingebouwd.

The black Chromatic model has a gloss and aluminum finish.

Das schwarze Chromatic-Modell ist mit Glanz- und Aluminiumlack ausgeführt.

Le modèle Chromatic noir présente des finitions en vernis brillant et aluminium.

Het zwarte model Chromatic is afgewerkt met glanslak en aluminium.

The island in the center has a locally grown mesquite wood finish, and the birch cupboards are made to measure.

Les finitions de la petite île centrale sont en mesquite, un bois local, les placards en bouleau ont été faits sur mesure.

Die Insel wurde mit lokalem Mesquite-Holz ausgeführt, und die Schränke aus Birkenholz sind maßgefertigt.

Het eilandje is afgewerkt met plaatselijk Mesquite-hout; de berkenhouten kasten zijn op maat gemaakt.

The double L-shaped worktop incorporates various cooking systems (induction and gas).

Die Arbeitsplatte in doppelter L-Form umfasst verschiedene Kochsysteme (Induktion und Gas).

La surface de travail en double L intègre différents systèmes de cuisson (induction et gaz).

Het dubbele L-vormige werkoppervlak bevat verschillende kooksystemen (inductie en gas).

Curved shapes have been used to create a warmer, cozier atmosphere.

On a opté pour des formes courbes afin de créer une ambiance plus chaleureuse et intime.

In diesem Fall hat man sich für geschwungene Formen entschieden, um ein warmes, gemütliches Ambiente zu schaffen.

Om een warmere en knussere sfeer te creëren werden ronde vormen gebruikt.

 Stainless steel extractor hoods are popular because of their elegance and resilient nature.

L'utilisation de hottes d'extraction en acier inoxydable s'est généralisée, en raison de leur élégance et de leur durabilité.

Der Einsatz von Edelstahldunstabzugshauben hat sich aufgrund ihrer Eleganz und Dauerhaftigkeit verbreitet.

Het gebruik van roestvrij stalen afzuigkappen is een algemene trend vanwege de elegantie en duurzaamheid ervan.

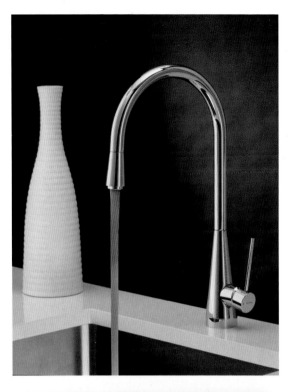

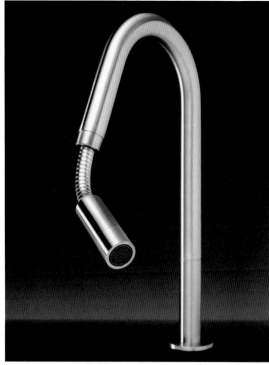

 The detachable or extendible pipes mean that the jet of water can be re-directed.

Les tuyaux mobiles ou extensibles permettent de rediriger le jet d'eau.

Abnehmbare oder ausziehbare Wasserhähne ermöglichen die Umleitung des Wasserstrahls.

Met de verwijderbare of uitschuifbare buizen kan de waterstraal gericht worden.

 The right-angled faucets give the unit a masculine feel thanks to their pure and rigid forms.

Les robinets à angle droit offrent une impression masculine grâce à leurs formes pures et rigides.

Rechtwinklige Wasserhähne verleihen mit reinen und strengen Formen einen männlichen Hauch.

Kranen met een rechte hoek geven iets mannelijks dankzij de pure, onbuigzame vorm.

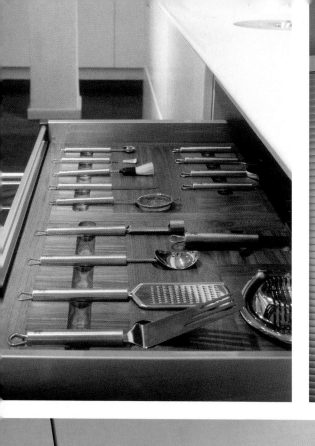

Adam Butler
P. 426, 432, 435 top

Agape
P. 197 top right

Alessi
P. 483 top left, 604-607

Alno
P. 483, 484 bottom, 496-497, 547, 558-559, 570-571, 576, 577, 584 bottom, 613 top right, bottom, 616 top left, 617

Althea Ceramica
P. 195 bottom left, bottom right, 224 bottom right, 254 bottom left

Antonio Lupi
P. 254 top left

Apavisa
P. 194, 200, 224 top, 229 top left

Arclinea
P.610 bottom right

Armadi
P. 584 top left, top right

Art Gray
P. 528-531, 566-567, 582 bottom (design: Belzberg Architects)

Artificio
P. 462-465

Artquitect
P. 294-295 (design: Jaime Hayon)

Arwa
P. 513

Assembledge
P. 506-509

Axia
P. 196 right

Axor
P 197 bottom left, 288-293 (design: Patricia Urquiola)

Ben in Bad
P. 305 bottom right

Bill Timmerman
P. 594-597 (design: Ibarra Rosano)

Binova
P.484 top, 515, 519 top, 572-573

Bisazza
P. 198, 229 bottom, 259, 274-275, 298-299, 307 top right

Boffi
P. 300 top, 301 bottom, 302 bottom right, 459 top, bottom

Boxart
P. 305 top

Brett Boardman
P. 563-564 (design: Ian Moore Architects)

Bulthaup
P. 561

Burgbad
P. 192 left, 224 bottom left, 252 bottom, 268-269, 271 bottom right

CC-Concepts, Cicle Kitchen
P. 476-477

Ceramica Flaminia
P. 197 top left, 254 top right, 254 bottom right, 271 bottom left

Cesar Cucine
P. 518, 550 bottom left, bottom right, 552, 574-575, 579 bottom left, bottom right, 581 top right, 585 top right

Cogliati
P. 195 top left, 252 top left

Cosentino
P. 276, 306

Cream
P. 186-187, 219, 221

Dada
P. 479 top right, bottom, 553 (design: Jean Nouvel)

David Frank Photographie
P. 560 (design: Coast GbR)

Deutsche Steinzeug
P. 272 bottom

Dica
P. 480-481

Dornbracht
P. 611 bottom, 273, 297

Durat
P. 227 bottom

Duravit
P. 190, 225, 230, 246-247, 252 top right, 253, 270 top right, 304

Ebanis
P. 590-593, 615 bottom

Electrolux
P 517

Elica
P. 478, 479 top left, 510, 511 top left, top right, 585 bottom, 608 top

Emotion
P. 550 top

Ernesto Meda
P. 472 top, bottom, 485 top left , 544, 568-569, 582 top left, top right, 583, 614

Fagor
P. 458, 474-475 (design: Antoine Lebrun), 514, 516 top

Frank Kleinbach
P. 551 (design: Raiser Lopes Designers)

Franke
P. 612

Gabriel Leung
P. 176-179, 185, 202-211, 262-265 (design: One Plus Partnership)

Gamadecor
P. 542-543

Gessi
P. 302 top left, top right, bottom left

Graff Faucets
P. 257 top right, top left , 301 top left

Greg Natale
P. 184, 218

Hannes Henz
P. 522-523, 616 top right (design: Markus Wespi & Jérôme de Meuron Architects)